PREFÁCIO

A coleção de frases de viagem "Vai tudo correr bem!" publicada pela T&P Books é concebida para pessoas que vão ao estrangeiro em viagens de turismo e negócios. Os livros de frases contêm o que é mais importante - o essencial para uma comunicação básica. Este é um conjunto indispensável de frases para "sobreviver" no estrangeiro.

Este Guia de Conversação irá ajudá-lo na maioria das situações em que precise de perguntar alguma coisa, obter direções, saber quanto custa algo, etc. Pode também resolver situações de difícil comunicação onde os gestos simplesmente não ajudam.

Este livro contém uma série de frases que foram agrupadas de acordo com os tópicos mais relevantes. A edição também inclui um pequeno vocabulário que contém aproximadamente 3.000 das palavras mais frequentemente usadas. Outra secção do Guia de Conversação fornece um dicionário gastronômico que pode ajudá-lo a pedir comida num restaurante ou comprar alimentos numa loja.

Leve consigo para a estrada o Guia de Conversação "Vai tudo correr bem!" e terá um companheiro de viagem insubstituível, que irá ajudá-lo a encontrar o seu caminho em qualquer situação e ensiná-lo a não recear falar com estrangeiros.

TABELA DE CONTEÚDOS

T&P Books Publishing

Coleção Guias de Conversação
"Vai tudo correr bem!"

T&P Books Publishing

GUIA DE CONVERSAÇÃO

— HOLANDÊS —

Andrey Taranov

AS PALAVRAS E AS FRASES MAIS ÚTEIS

Este guia de conversação
contém frases e perguntas
comuns essenciais para uma
comunicação básica
com estrangeiros

T&P BOOKS

Frases + dicionário de 3000 palavras

Guia de Conversação Português-Holandês e vocabulário temático 3000 palavras

Por Andrey Taranov

A coleção de frases de viagem "Vai tudo correr bem!" publicada pela T&P Books é concebida para pessoas que vão ao estrangeiro em viagens de turismo e negócios. Os livros de frases contêm o que é mais importante - o essencial para uma comunicação básica. Este é um conjunto indispensável de frases para "sobreviver" no estrangeiro.

Este livro também inclui um pequeno vocabulário temático que contém aproximadamente 3.000 das palavras mais frequentemente usadas. Outra secção do Guia de Conversação disponibiliza um dicionário gastronômico que pode ajudá-lo a pedir comida num restaurante ou comprar alimentos numa loja.

Editora T&P Books
www.tpbooks.com

ISBN: 978-1-78492-616-8

Este livro também está disponível em formato E-book.
Por favor visite www.tpbooks.com ou as principais livrarias on-line.

PRONÚNCIA

Alfabeto fonético T&P	Exemplo Holandês	Exemplo Português
[a]	plasje	chamar
[ã]	kraag	rapaz
[o], [ɔ]	zondag	noite
[o]	geografie	lobo
[õ]	oorlog	albatroz
[e]	nemen	metal
[ē]	wreed	plateia
[ɛ]	ketterij	mesquita
[ɛ:]	crème	plateia
[ə]	tachtig	milagre
[i]	alpinist	sinónimo
[ī]	referee	cair
[Y]	stadhuis	questionar
[œ]	druif	orgulhoso
[ø]	treurig	orgulhoso
[u]	schroef	bonita
[ʉ]	zuchten	nacional
[ū]	minuut	trabalho
[b]	oktober	barril
[d]	diepte	dentista
[f]	fierheid	safári
[g]	golfclub	gosto
[h]	horizon	[h] aspirada
[j]	jaar	géiser
[k]	klooster	kiwi
[l]	politiek	libra
[m]	melodie	magnólia
[n]	netwerk	natureza
[p]	peper	presente
[r]	rechter	riscar
[s]	smaak	sanita
[t]	telefoon	tulipa
[v]	vijftien	fava
[w]	waaier	página web

Alfabeto fonético T&P	Exemplo Holandês	Exemplo Português
[z]	zacht	sésamo
[dʒ]	manager	adjetivo
[ʃ]	architect	mês
[ŋ]	behang	alcançar
[tʃ]	beertje	Tchau!
[ʒ]	bougie	talvez
[x]	acht, gaan	arte

LISTA DE ABREVIATURAS

Abreviaturas do Português

adj	-	adjetivo
adv	-	advérbio
anim.	-	animado
conj.	-	conjunção
desp.	-	desporto
etc.	-	etecetra
ex.	-	por exemplo
f	-	nome feminino
f pl	-	feminino plural
fem.	-	feminino
inanim.	-	inanimado
m	-	nome masculino
m pl	-	masculino plural
m, f	-	masculino, feminino
masc.	-	masculino
mat.	-	matemática
mil.	-	militar
pl	-	plural
prep.	-	preposição
pron.	-	pronome
sb.	-	sobre
sing.	-	singular
v aux	-	verbo auxiliar
vi	-	verbo intransitivo
vi, vt	-	verbo intransitivo, transitivo
vp	-	verbo pronominal
vt	-	verbo transitivo

Abreviaturas do Holandês

mv.	-	plural

Artigos do Holandês

de	-	género comum
de/het	-	neutro, género comum
het	-	neutro

T&P BOOKS

GUIA DE
CONVERSAÇÃO
HOLANDÊS

Esta secção contém frases
importantes que podem vir
a ser úteis em várias
situações da vida real.
O Guia de Conversação irá
ajudá-lo a pedir orientações,
esclarecer um preço,
comprar bilhetes e pedir
comida num restaurante

T&P Books Publishing

CONTEÚDO DO GUIA DE CONVERSAÇÃO

T&P Books Publishing

O mínimo

Desculpe, ...	**Pardon, ...** [par'dɔn, ...]
Olá!	**Hallo.** [halɔ]
Obrigado /Obrigada/.	**Bedankt.** [bə'dankt]
Adeus.	**Tot ziens.** [tɔt zins]
Sim.	**Ja.** [ja]
Não.	**Nee.** [nē]
Não sei.	**Ik weet het niet.** [ik wēt ət nit]
Onde? | Para onde? | Quando?	**Waar? | Waarheen? | Wanneer?** [wār? | wār'hēn? | wa'nēr?]

Preciso de ...	**Ik heb ... nodig** [ik hɛp ... 'nɔdəx]
Eu queria ...	**Ik wil ...** [ik wil ...]
Tem ...?	**Hebt u ...?** [hɛpt ju ...?]
Há aqui ...?	**Is hier een ...?** [is hir en ...?]
Posso ...?	**Mag ik ...?** [max ik ...?]
..., por favor	**... alstublieft** [... alstʉ'blift]

Estou à procura de ...	**Ik zoek ...** [ik zuk ...]
casa de banho	**toilet** [twa'lɛt]
Multibanco	**geldautomaat** [xɛlt·autɔ'māt]
farmácia	**apotheek** [apɔ'tēk]
hospital	**ziekenhuis** [zikənhœys]
esquadra de polícia	**politiebureau** [pɔl'litsi bʉ'rɔ]
metro	**metro** ['metrɔ]

táxi	**taxi** [taksi]
estação de comboio	**station** [sta'tsjɔn]

Chamo-me ...	**Ik heet ...** [ik hɛt ...]
Como se chama?	**Hoe heet u?** [hu hɛt ju?]
Pode-me dar uma ajuda?	**Kunt u me helpen alstublieft?** [kʉnt ju mə 'hɛlpən alstʉ'blift?]
Tenho um problema.	**Ik heb een probleem.** [ik hɛp en prɔ'blēm]
Não me sinto bem.	**Ik voel me niet goed.** [ik vul mə nit xut]
Chame a ambulância!	**Bel een ambulance!** [bɛl en ambʉ'lansə!]
Posso fazer uma chamada?	**Mag ik opbellen?** [max ik ɔ'bɛlən?]

Desculpe.	**Sorry.** ['sɔri]
De nada.	**Graag gedaan.** [xrãx xə'dãn]

eu	**Ik, mij** [ik, mɛj]
tu	**jij** [jɛj]
ele	**hij** [hɛj]
ela	**zij** [zɛj]
eles	**zij** [zɛj]
elas	**zij** [zɛj]
nós	**wij** [wɛj]
vocês	**jullie** ['juli]
você	**u** [ju]

ENTRADA	**INGANG** [inxaŋ]
SAÍDA	**UITGANG** [œʏtxaŋ]
FORA DE SERVIÇO	**BUITEN GEBRUIK** [bœʏtən xə'brœʏk]
FECHADO	**GESLOTEN** [xə'slɔtən]

ABERTO	**OPEN** ['ɔpən]
PARA SENHORAS	**DAMES** [daməs]
PARA HOMENS	**HEREN** ['herən]

Perguntas

Onde?	**Waar?** [wãr?]
Para onde?	**Waarheen?** [wãr'hēn?]
De onde?	**Vanwaar?** [van'wãr?]
Porquê?	**Waar?** [wãr?]
Porque razão?	**Waarom?** [wã'rɔm?]
Quando?	**Wanneer?** [wa'nēr?]

Quanto tempo?	**Hoe lang?** [hu laŋ?]
A que horas?	**Hoe laat?** [hu lãt?]
Quanto?	**Hoeveel?** [huvēl?]
Tem ...?	**Hebt u ...?** [hɛpt ju ...?]
Onde fica ...?	**Waar is ...?** [wãr is ...?]

Que horas são?	**Hoe laat is het?** [hu lãt is ət?]
Posso fazer uma chamada?	**Mag ik opbellen?** [max ik ɔ'bɛlən?]
Quem é?	**Wie is daar?** [wi is dãr?]
Posso fumar aqui?	**Mag ik hier roken?** [max ik hir 'rɔkən?]
Posso ...?	**Mag ik ...?** [max ik ...?]

Necessidades

Eu gostaria de ...	**Ik zou graag ...** [ik 'zau xrãx ...]
Eu não quero ...	**Ik wil niet ...** [ik wil nit ...]
Tenho sede.	**Ik heb dorst.** [ik hɛp dɔrst]
Eu quero dormir.	**Ik wil gaan slapen.** [ik wil xãn 'slapən]

Eu queria ...	**Ik wil ...** [ik wil ...]
lavar-me	**wassen** [wasən]
escovar os dentes	**mijn tanden poetsen** [mɛjn 'tandən 'putsən]
descansar um pouco	**even rusten** [evən 'rʉstən]
trocar de roupa	**me omkleden** [mə 'ɔmkledən]

voltar ao hotel	**teruggaan naar het hotel** [te'rʉxxãn nãr hɛt hɔ'tɛl]
comprar ...	**... kopen** [... 'kɔpən]
ir para ...	**gaan naar ...** [xãn nãr ...]
visitar ...	**bezoeken ...** [bə'zukən ...]
encontrar-me com ...	**ontmoeten ...** [ɔnt'mutən ...]
fazer uma chamada	**opbellen** [ɔ'bɛlən]

Estou cansado /cansada/.	**Ik ben moe.** [ik bɛn mu]
Nós estamos cansados /cansadas/.	**We zijn moe.** [we zɛjn mu]
Tenho frio.	**Ik heb het koud.** [ik hɛp ət 'kaut]
Tenho calor.	**Ik heb het warm.** [ik hɛp ət warm]
Estou bem.	**Ik ben okay.** [ik bɛn ɔ'kɛj]

Preciso de telefonar.

Ik moet opbellen.
[ik mut ɔ'bɛlən]

Preciso de ir à casa de banho.

Ik moet naar het toilet.
[ik mut nãr ət twa'lɛt]

Tenho de ir.

Ik moet weg.
[ik mut wɛx]

Tenho de ir agora.

Ik moet nu weg.
[ik mut nʉ wɛx]

Perguntando por direções

Desculpe, ...
Pardon, ...
[par'dɔn, ...]

Onde fica ...?
Waar is ...?
[wār is ...?]

Para que lado fica ...?
Welke richting is ...?
['wɛlkə 'rixtiŋ is ...?]

Pode-me dar uma ajuda?
Kunt u me helpen alstublieft?
[kʉnt ju mə 'hɛlpən alstʉ'blift?]

Estou à procura de ...
Ik zoek ...
[ik zuk ...]

Estou à procura da saída.
Waar is de uitgang?
[wār is də 'œʏtxaŋ?]

Eu vou para ...
Ik ga naar ...
[ik xa nār ...]

Estou a ir bem para ...?
Is dit de weg naar ...?
[is dit də wɛx nār ...?]

Fica longe?
Is het ver?
[iz ət vɛr?]

Posso ir até lá a pé?
Kan ik er lopend naar toe?
[kan ik ɛr 'lɔpənt nār tu?]

Pode-me mostrar no mapa?
Kunt u het op de plattegrond aanwijzen?
[kʉnt ju ət ɔp də platə'xrɔnt 'ānwɛjzən?]

Mostre-me onde estamos de momento.
Kunt u me aanwijzen waar we nu zijn?
[kʉnt ju mə 'ānwɛjzən wār wə nʉ zɛjn]

Aqui
Hier
[hir]

Ali
Daar
[dār]

Por aqui
Deze kant uit
[dezə kant 'œʏt]

Vire à direita.
Rechtsaf.
[rɛxts'af]

Vire à esquerda.
Linksaf.
[linksaf]

primeira (segunda, terceira) curva
eerste (tweede, derde) bocht
[ērstə ('twēdə, 'dɛrdə) bɔxt]

para a direita   **rechtsaf**
                                      [rɛxts'af]
para a esquerda   **linksaf**
                                      [linksaf]
Vá sempre em frente.   **Ga rechtuit.**
                                      [xa 'rɛxtœʏt]

Sinais

BEM-VINDOS!	**WELKOM!** ['wɛlkɔm!]
ENTRADA	**INGANG** [inxaŋ]
SAÍDA	**UITGANG** [œʏtxaŋ]

EMPURRAR	**DRUK** [drʉk]
PUXAR	**TREK** [trɛk]
ABERTO	**OPEN** ['ɔpən]
FECHADO	**GESLOTEN** [xə'slɔtən]

PARA SENHORAS	**DAMES** [daməs]
PARA HOMENS	**HEREN** ['herən]
HOMENS, CAVALHEIROS (m)	**HEREN (m)** ['herən]
SENHORAS (f)	**DAMES (v)** [daməs]

DESCONTOS	**KORTINGEN** ['kɔrtiŋən]
SALDOS	**UITVERKOOP** [œʏt'vɛrkõp]
GRATUITO	**GRATIS** [xratis]
NOVIDADE!	**NIEUW!** [niu!]
ATENÇÃO!	**PAS OP!** [pas ɔp!]

NÃO HÁ VAGAS	**ALLE KAMERS BEZET** [ale 'kamərs bə'zɛt]
RESERVADO	**GERESERVEERD** [xərezɛr'vẽrt]
ADMINISTRAÇÃO	**ADMINISTRATIE** [administ'ratsi]
ACESSO RESERVADO	**UITSLUITEND PERSONEEL** [œʏtslœʏtənt pɛrsɔ'nẽl]

CUIDADO COM O CÃO	**PAS OP VOOR DE HOND!** [pas ɔp vōr də hɔnt!]
NÃO FUMAR!	**VERBODEN TE ROKEN!** [vər'bɔdən tə 'rɔkən!]
NÃO MEXER!	**NIET AANRAKEN!** [nit 'ānrakən!]
PERIGOSO	**GEVAARLIJK** [xe'vārlək]
PERIGO	**GEVAAR** [xe'vār]
ALTA TENSÃO	**HOOGSPANNING** [hōxs'paniŋ]
PROIBIDO NADAR	**VERBODEN TE ZWEMMEN** [vər'bɔdən tə 'zwemən]

FORA DE SERVIÇO	**BUITEN GEBRUIK** [bœytən xə'brœyk]
INFLAMÁVEL	**ONTVLAMBAAR** [ɔnt'flambār]
PROIBIDO	**VERBODEN** [vər'bɔdən]
PASSAGEM PROIBIDA	**VERBODEN TOEGANG** [vər'bɔdən 'tuxaŋ]
PINTADO DE FRESCO	**NATTE VERF** [natə vɛrf]

FECHADO PARA OBRAS	**GESLOTEN WEGENS VERBOUWING** [xə'slɔtən 'wexəns vər'bauwiŋ]
TRABALHOS NA VIA	**WERK IN UITVOERING** [wɛrk in œyt'vuriŋ]
DESVIO	**OMWEG** ['ɔmwɛx]

Transportes. Frases gerais

avião	**vliegtuig** [vlixtœɣx]
comboio	**trein** [trɛjn]
autocarro	**bus** [bʊs]
ferri	**veerpont** [vērpɔnt]
táxi	**taxi** [taksi]
carro	**auto** [autɔ]

horário	**dienstregeling** [dinst·'rexəliŋ]
Onde posso ver o horário?	**Waar is de dienstregeling?** [wãr is də dinst·'rexəliŋ?]
dias de trabalho	**werkdagen** [wɛrk'daxən]
fins de semana	**weekends** [wĩkɛnts]
férias	**vakanties** [va'kantsis]

PARTIDA	**VERTREK** [vər'trɛk]
CHEGADA	**AANKOMST** [ānkɔmst]
ATRASADO	**VERTRAAGD** [vərt'rãxt]
CANCELADO	**GEANNULEERD** [xəanʉ'lērt]

próximo (comboio, etc.)	**volgende** ['vɔlxəndə]
primeiro	**eerste** [ērstə]
último	**laatste** [lãtstə]

Quando é o próximo ...?	**Hoe laat gaat de volgende ...?** [hu lãt xãt də 'vɔlxəndə ...?]
Quando é o primeiro ...?	**Hoe laat gaat de eerste ...?** [hu lãt xãt də 'ērstə ...?]

Quando é o último ...?

transbordo

fazer o transbordo

Preciso de fazer o transbordo?

Hoe laat gaat de laatste ...?
[hu lāt xāt də 'lātstə ...?]

aansluiting
[ānslœɣtiŋ]

overstappen
[ɔvər'stapən]

Moet ik overstappen?
[mut ik ɔvər'stapən?]

Comprando bilhetes

Onde posso comprar bilhetes?	**Waar kan ik kaartjes kopen?** [wār kan ik 'kārtjəs 'kɔpən?]
bilhete	**kaartje** [kārtjə]
comprar um bilhete	**een kaartje kopen** [en 'kārtjə 'kɔpən]
preço do bilhete	**prijs van een kaartje** [prɛjs van en 'kārtjə]

Para onde?	**Waarheen?** [wār'hēn?]
Para que estação?	**Naar welk station?** [nār wɛlk sta'tsjɔn?]
Preciso de ...	**Ik heb ... nodig** [ik hɛp ... 'nɔdəx]
um bilhete	**een kaartje** [en 'kārtjə]
dois bilhetes	**twee kaartjes** [twē 'kārtjəs]
três bilhetes	**drie kaartjes** [dri 'kārtjəs]

só de ida	**enkel** ['ɛnkəl]
de ida e volta	**retour** [re'tuːr]
primeira classe	**eerste klas** [ērstə klas]
segunda classe	**tweede klas** [twēdə klas]

hoje	**vandaag** [van'dāx]
amanhã	**morgen** ['mɔrxən]
depois de amanhã	**overmorgen** [ɔvər'mɔrxən]
de manhã	**s morgens** [s 'mɔrxəns]
à tarde	**s middags** [s 'midaxs]
ao fim da tarde	**s avonds** [s 'avɔnts]

lugar de corredor

zitplaats aan het gangpad
[zitplāts ān ət 'xaŋpat]

lugar à janela

zitplaats bij het raam
[zitplāts bɛj ət rãm]

Quanto?

Hoeveel?
[huvēl?]

Posso pagar com cartão de crédito?

Kan ik met een creditcard betalen?
[kan ik mɛt en 'kredit·kart bə'talən?]

Autocarro

autocarro	**bus** [bʉs]
camioneta (autocarro interurbano)	**intercity bus** [inter'siti bʉs]
paragem de autocarro	**bushalte** [bʉs'haltə]
Onde é a paragem de autocarro mais perto?	**Waar is de meest nabij gelegen bushalte?** [wãr is də mēst na'bɛj xə'lexən bʉs'haltə?]

número	**nummer** [nʉmər]
Qual o autocarro que apanho para ...?	**Met welke bus kan ik naar ... gaan?** [mɛt 'wɛlkə bʉs kan ik nãr ... xãn?]
Este autocarro vai até ...?	**Gaat deze bus naar ...?** [xãt 'dezə bʉs nãr ...?]
Com que frequência passam os autocarros?	**Hoe dikwijls rijden de bussen?** [hu 'dikwəls 'rɛjdən də 'bʉsən?]

de 15 em 15 minutos	**om het kwartier** [ɔm ət kwar'tir]
de meia em meia hora	**om het half uur** [ɔm ət half ūr]
de hora a hora	**om het uur** [ɔm ət ūr]

várias vezes ao dia	**verschillende keren per dag** [vər'sxiləndə 'kerən pər dax]
... vezes ao dia	**... keer per dag** [... kēr pər dax]

horário	**dienstregeling** [dinst·'rexəliŋ]
Onde posso ver o horário?	**Waar is de dienstregeling?** [wãr is də dinst·'rexəliŋ?]

Quando é o próximo autocarro?	**Hoe laat vertrekt de volgende bus?** [hu lãt vər'trɛkt də 'vɔlxəndə bʉs?]
Quando é o primeiro autocarro?	**Hoe laat vertrekt de eerste bus?** [hu lãt vər'trɛkt də 'ērstə bʉs?]
Quando é o último autocarro?	**Hoe laat vertrekt de laatste bus?** [hu lãt vər'trɛkt də 'lãtstə bʉs?]

paragem	**halte** [haltə]
próxima paragem	**volgende halte** [vɔlxəndə 'haltə]
última paragem	**eindstation** [ɛjnt sta'tsjɔn]
Pare aqui, por favor.	**Hier stoppen alstublieft.** [hir 'stɔpən alstʉ'blift]
Desculpe, esta é a minha paragem.	**Pardon, dit is mijn halte.** [par'dɔn, dit is mɛjn 'haltə]

Comboio

comboio	**trein** [trɛjn]
comboio sub-urbano	**pendeltrein** ['pendəl trɛjn]
comboio de longa distância	**langeafstandstrein** [laŋə·'afstants·trɛjn]
estação de comboio	**station** [sta'tsjɔn]
Desculpe, onde fica a saída para a plataforma?	**Pardon, waar is de toegang tot het perron?** [par'dɔn, wãr is də 'tuxaŋ tɔt ət pɛ'rɔn?]

Este comboio vai até ...?	**Gaat deze trein naar ...?** [xãt 'dezə trɛjn nãr ...?]
próximo comboio	**volgende trein** ['vɔlxəndə trɛjn]
Quando é o próximo comboio?	**Hoe laat gaat de volgende trein?** [hu lãt xãt də 'vɔlxəndə trɛjn?]
Onde posso ver o horário?	**Waar is de dienstregeling?** [wãr is də dinst·'rexəliŋ?]
Apartir de que plataforma?	**Van welk perron?** [van wɛlk pɛ'rɔn?]
Quando é que o comboio chega a ...?	**Wanneer komt de trein aan in ...?** [wa'nẽr kɔmt də trɛjn ãn in ...?]

Ajude-me, por favor.	**Kunt u me helpen alstublieft?** [kʉnt ju mə 'hɛlpən alstʉ'blift?]
Estou à procura do meu lugar.	**Ik zoek mijn zitplaats.** [ik zuk mɛjn 'zitplãts]
Nós estamos à procura dos nossos lugares.	**Wij zoeken onze zitplaatsen.** [wɛj 'zukən 'ɔnzə 'zitplãtsen]
O meu lugar está ocupado.	**Mijn zitplaats is bezet.** [mɛjn 'zitplãts is bə'zɛt]
Os nossos lugares estão ocupados.	**Onze zitplaatsen zijn bezet.** [ɔnzə 'zitplãtsən zɛjn bə'zɛt]

Peço desculpa mas este é o meu lugar.	**Sorry, maar dit is mijn zitplaats.** [sɔri, mãr dit is mɛjn 'zitplãts]
Este lugar está ocupado?	**Is deze zitplaats bezet?** [is 'dezə 'zitplãts bə'zɛt?]
Posso sentar-me aqui?	**Mag ik hier zitten?** [max ik hir 'zitən?]

No comboio. Diálogo (Sem bilhete)

Bilhete, por favor.

Uw kaartje alstublieft.
[ʉw 'kãrtjə alstʉ'blift]

Não tenho bilhete.

Ik heb geen kaartje.
[ik hɛp xēn 'kãrtjə]

Perdi o meu bilhete.

Ik heb mijn kaartje verloren.
[ik hɛp mɛjn 'kãrtjə vər'lɔrən]

Esqueci-me do bilhete em casa.

Ik heb mijn kaartje thuis vergeten.
[ik hɛp mɛjn 'kãrtjə thœys vər'xetən]

Pode comprar um bilhete a mim.

U kunt een kaartje van mij kopen.
[ju kʉnt ən 'kãrtjə van mɛj 'kɔpən]

Terá também de pagar uma multa.

U moet ook een boete betalen.
[ju mut ōk ən 'butə bə'talən]

Está bem.

Okay.
[ɔ'kɛj]

Onde vai?

Waar gaat u naartoe?
[wãr xãt ju nãrtu?]

Eu vou para ...

Ik ga naar ...
[ik xa nãr ...]

Quanto é? Eu não entendo.

Hoeveel kost het? Ik versta het niet.
[huvēl kɔst ət? ik vərs'ta ət nit]

Escreva, por favor.

Schrijf het neer alstublieft.
[sxrɛjf ət nēr alstʉ'blift]

Está bem. Posso pagar com cartão de crédito?

Okay. Kan ik met een creditcard betalen?
[ɔ'kɛj. kan ik mɛt ən 'kredit·kart bə'talən?]

Sim, pode.

Ja, dat kan.
[ja, dat kan]

Aqui tem a sua fatura.

Hier is uw ontvangstbewijs.
[hir is ʉw ɔnt'faŋst·bə'wɛjs]

Desculpe pela multa.

Sorry voor de boete.
[sɔri vōr də 'butə]

Não tem mal. A culpa foi minha.

Maakt niet uit. Het is mijn schuld.
[mãkt nit œyt hɛt is mɛjn sxʉlt]

Desfrute da sua viagem.

Prettige reis.
['prɛtixə rɛjs]

Taxi

táxi	**taxi** [taksi]
taxista	**taxi chauffeur** [taksi ʃɔ'før]
apanhar um táxi	**een taxi nemen** [en 'taksi 'nemən]
paragem de táxis	**taxistandplaats** [taksi·'stantplãts]
Onde posso apanhar um táxi?	**Waar kan ik een taxi nemen?** [wãr kan ik en 'taksi 'nemən?]
chamar um táxi	**een taxi bellen** [en 'taksi 'bɛlən]
Preciso de um táxi.	**Ik heb een taxi nodig.** [ik hɛp en 'taksi 'nɔdəx]

Agora.	**Nu onmiddellijk.** [nʉ ɔn'midələk]
Qual é a sua morada?	**Wat is uw adres?** [wat is ʉw ad'rɛs?]
A minha morada é ...	**Mijn adres is ...** [mɛjn ad'rɛs is ...]
Qual o seu destino?	**Uw bestemming?** [ʉw bəs'tɛmiŋ?]
Desculpe, ...	**Pardon, ...** [par'dɔn, ...]
Está livre?	**Bent u vrij?** [bɛnt ju vrɛj?]
Em quanto fica a corrida até ...?	**Hoeveel kost het naar ...?** [huvēl kɔst ət nãr ...?]
Sabe onde é?	**Weet u waar dit is?** [wēt ju wãr dit is?]

Para o aeroporto, por favor.	**Luchthaven alstublieft.** [lʉxt'havən alstʉ'blift]
Pare aqui, por favor.	**Hier stoppen alstublieft.** [hir 'stɔpən alstʉ'blift]
Não é aqui.	**Het is niet hier.** [hɛt is nit hir]
Esta morada está errada. (Não é aqui)	**Dit is het verkeerde adres.** [dit is ət vər'kērdə ad'rɛs]
Vire à esquerda.	**Linksaf.** [linksaf]
Vire à direita.	**Rechtsaf.** [rɛxts'af]

Quanto lhe devo?

Queria fatura, por favor.

Fique com o troco.

Hoeveel ben ik u schuldig?
[huvēl bɛn ik ju 'sxʉldəx?]

Kan ik een bon krijgen alstublieft.
[kan ik en bɔn 'krɛjxən alstʉ'blift]

Hou het kleingeld maar.
[hau ət 'klɛjnxɛlt mār]

Espere por mim, por favor.

5 minutos

10 minutos

15 minutos

20 minutos

meia hora

Wil u even op mij wachten?
[wil ju 'evən ɔp mɛj 'waxtən?]

vijf minuten
[vɛjf mi'nʉtən]

tien minuten
[tin mi'nʉtən]

vijftien minuten
[vɛjftin mi'nʉtən]

twintig minuten
[twintəx mi'nʉtən]

een half uur
[en half ūr]

Hotel

Olá!	**Hallo.** [halɔ]
Chamo-me ...	**Ik heet ...** [ik hēt ...]
Tenho uma reserva.	**Ik heb gereserveerd.** [ik hɛp xərezɛr'vērt]

Preciso de ...	**Ik heb ... nodig** [ik hɛp ... 'nɔdəx]
um quarto de solteiro	**een enkele kamer** [en 'ɛnkelə 'kamər]
um quarto de casal	**een tweepersoons kamer** [en twē·pɛr'sōns 'kamər]
Quanto é?	**Hoeveel kost dat?** [huvēl kɔst dat?]
Está um pouco caro.	**Dat is nogal duur.** [dat is 'nɔxal dūr]

Não tem outras opções?	**Zijn er geen andere mogelijkheden?** [zɛjn ɛr xēn 'anderə 'mɔxələkhedən?]
Eu fico com ele.	**Die neem ik.** [di nēm ik]
Eu pago em dinheiro.	**Ik betaal contant.** [ik bə'tāl kɔn'tant]

Tenho um problema.	**Ik heb een probleem.** [ik hɛp ən prɔ'blēm]
O meu ... está partido /A minha ... está partida/.	**Mijn ... is stuk.** [mɛjn ... is stʉk]
O meu ... está avariado /A minha ... está avariada/.	**Mijn ... doet het niet meer.** [mɛjn ... dut ət nit mēr]
televisor (m)	**TV** [te've]
ar condicionado (m)	**airco** ['ɛrkɔ]
torneira (f)	**kraan** [krān]

duche (m)	**douche** [duʃ]
lavatório (m)	**lavabo** [lava'bɔ]
cofre (m)	**brandkast** [brantkast]

fechadura (f)	**deurslot** ['dørslɔt]
tomada elétrica (f)	**stopcontact** [stɔp kɔn'takt]
secador de cabelo (m)	**haardroger** [hār·drɔxər]

Não tenho ...	**Ik heb geen ...** [ik hɛp xēn ...]
água	**water** [watər]
luz	**licht** [lixt]
eletricidade	**stroom** [strōm]

Pode dar-me ...?	**Kunt u mij een ... bezorgen?** [kʉnt ju mɛj en ... bə'zɔrxən?]
uma toalha	**een handdoek** [en 'handuk]
um cobertor	**een deken** [en 'dekən]
uns chinelos	**pantoffels** [pan'tɔfəls]
um roupão	**een badjas** [en badjas]
algum champô	**shampoo** [ʃʌmpō]
algum sabonete	**zeep** [zēp]

Gostaria de trocar de quartos.	**Ik wil van kamer veranderen.** [ik wil van 'kamər və'randerən]
Não consigo encontrar a minha chave.	**Ik kan mijn sleutel niet vinden.** [ik kan mɛjn 'sløtel nit 'vindən]
Abra-me o quarto, por favor.	**Kunt u mijn kamer openen alstublieft?** [kʉnt ju mɛjn 'kamər 'ɔpenən alstʉ'blift?]
Quem é?	**Wie is daar?** [wi is dār?]
Entre!	**Kom binnen!** [kɔm 'binən!]
Um minuto!	**Een ogenblikje!** [en 'ɔxənblikje!]
Agora não, por favor.	**Niet op dit moment alstublieft.** [nit ɔp dit mɔ'mɛnt alstʉ'blift]

Venha ao meu quarto, por favor.	**Kom naar mijn kamer alstublieft.** [kɔm nār mɛjn 'kamər alstʉ'blift]
Gostaria de encomendar comida.	**Kan ik room service krijgen.** [kan ik rōm 'sø:rvis 'krɛjxən]
O número do meu quarto é ...	**Mijn kamernummer is ...** [mɛjn 'kamər·'nʉmer is ...]

Estou de saída ...	**Ik vertrek ...** [ik vər'trɛk ...]
Estamos de saída ...	**Wij vertrekken ...** [wɛj vər'trɛkən ...]
agora	**nu onmiddellijk** [nʉ ɔn'midələk]
esta tarde	**vanmiddag** [van'midax]
hoje à noite	**vanavond** [va'navɔnt]
amanhã	**morgen** ['mɔrxən]
amanhã de manhã	**morgenochtend** ['mɔrxən 'ɔxtənt]
amanhã ao fim da tarde	**morgenavond** [mɔrxən 'avɔnt]
depois de amanhã	**overmorgen** [ɔvər'mɔrxən]

Gostaria de pagar.	**Ik zou willen afrekenen.** [ik 'zau 'wilən 'afrekənən]
Estava tudo maravilhoso.	**Alles was uitstekend.** [aləs was œʏts'tekənt]
Onde posso apanhar um táxi?	**Waar kan ik een taxi nemen?** [wār kan ik en 'taksi 'nemən?]
Pode me chamar um táxi, por favor?	**Wil u alstublieft een taxi bestellen?** [wil ju alstʉ'blift en 'taksi bəs'tɛlən?]

Restaurante

Posso ver o menu, por favor?

Kan ik het menu zien alstublieft?
[kan ik ət me'nʉ zin alstʉ'blift?]

Mesa para um.

Een tafel voor één persoon.
[en 'tafəl vōr en pɛr'sōn]

Somos dois (três, quatro).

We zijn met z'n tweeën (drieën, vieren).
[we zɛjn mɛt zən 'twēɛn ('driɛn, 'virən)]

Para fumadores

Roken
['rɔkən]

Para não fumadores

Niet roken
[nit 'rɔkən]

Por favor!

Hallo! Pardon!
[halɔ! par'dɔn!]

menu

menu
[me'nʉ]

lista de vinhos

wijnkaart
[wɛjnkārt]

O menu, por favor.

Het menu alstublieft.
[hɛt me'nʉ alstʉ'blift]

Já escolheu?

Bent u zover om te bestellen?
[bɛnt ju 'zovər ɔm tə bəs'tɛlən?]

O que vai tomar?

Wat wenst u?
[wat wɛnst ju?]

Eu quero ...

Voor mij ...
[vōr mɛj ...]

Eu sou vegetariano /vegetariana/.

Ik ben vegetariër.
[ik bɛn vexə'tarijər]

carne

vlees
[vlēs]

peixe

vis
[vis]

vegetais

groente
['xruntə]

Tem pratos vegetarianos?

Hebt u vegetarische gerechten?
[hɛpt ju vexə'tarisə xə'rɛxtən?]

Não como porco.

Ik eet niet varkensvlees.
[ik ēt nit 'varkənsvlēs]

Ele /ela/ não come porco.

Hij /zij/ eet geen vlees.
[hɛj /zɛj/ ēt xēn vlēs]

Sou alérgico /alérgica/ a ...

Ik ben allergisch voor ...
[ik bɛn aˈlerχis võr ...]

Por favor, pode trazer-me ...?

Wil u mij ... brengen
[wil ju mɛj ... bˈrɛŋən]

sal | pimenta | açucar

zout | peper | suiker
[zaut | ˈpepər | ˈsœʏkər]

café | chá | sobremesa

koffie | thee | dessert
[kɔfi | tẽ | dɛˈsɛːr]

água | com gás | sem gás

water | met prik | gewoon
[watər | mɛt prik | χəˈwõn]

uma colher | um garfo | uma faca

een lepel | vork | mes
[en ˈlepəl | vɔrk | mɛs]

um prato | um guardanapo

een bord | servet
[en bɔrt | sɛrˈvɛt]

Bom apetite!

Smakelijk!
[smakələk!]

Mais um, por favor.

Nog een alstublieft.
[nɔx ən alstʉˈblift]

Estava delicioso.

Het was heerlijk.
[hɛt was ˈhẽrlək]

conta | troco | gorjeta

rekening | wisselgeld | fooi
[rekəniŋ | ˈwisəl·χɛlt | fõj]

A conta, por favor.

De rekening alstublieft.
[də ˈrekəniŋ alstʉˈblift]

Posso pagar com cartão de crédito?

Kan ik met een creditcard betalen?
[kan ik mɛt en ˈkredit·kart bəˈtalən?]

Desculpe, mas tem um erro aqui.

Sorry, hier is een fout.
[sɔri, hir iz en ˈfaut]

Centro Comercial

Posso ajudá-lo /ajudá-la/?

Waarmee kan ik u van dienst zijn?
[wār'mē kan ik ju van dinst zɛjn?]

Tem ...?

Hebt u ...?
[hɛpt ju ...?]

Estou à procura de ...

Ik zoek ...
[ik zuk ...]

Preciso de ...

Ik heb ... nodig
[ik hɛp ... 'nɔdəx]

Estou só a ver.

Ik kijk even.
[ik kɛjk 'evən]

Estamos só a ver.

Wij kijken even.
[wɛj 'kɛjkən 'evən]

Volto mais tarde.

Ik kom wat later terug.
[ik kɔm wat 'latər te'rux]

Voltamos mais tarde.

We komen later terug.
[we 'kɔmən 'latər te'rux]

descontos | saldos

korting | uitverkoop
[kɔrtiŋ | 'œytverkōp]

Mostre-me, por favor ...

Kunt u mij ... laten zien alstublieft?
[kunt ju mɛj ... 'latən zin alstu'blift?]

Dê-me, por favor ...

Kunt u mij ... geven alstublieft?
[kunt ju mɛj ... 'xevən alstu'blift?]

Posso experimentar?

Kan ik dit passen?
[kan ik dit 'pasən?]

Desculpe, onde fica a cabine de prova?

Pardon, waar is de paskamer?
[par'dɔn, wār is də 'pas·kamər?]

Que cor prefere?

Welke kleur wenst u?
['wɛlkə 'klør wɛnst ju?]

tamanho | cvomprimento

maat | lengte
[māt | 'leŋtə]

Como lhe fica?

Past het?
[past ət?]

Quanto é que isto custa?

Hoeveel kost het?
[huvēl kɔst ət?]

É muito caro.

Dat is te duur.
[dat is tə dūr]

Eu fico com ele.

Ik neem het.
[ik nēm ət]

Desculpe, onde fica a caixa?

Pardon, waar moet ik betalen?
[par'dɔn, wār mut ik bə'talən?]

Vai pagar a dinheiro ou com cartão de crédito?

Betaalt u contant of met een creditcard?
[bə'tālt ju kɔn'tant ɔf mɛt en 'kredit·kart?]

A dinheiro | com cartão de crédito

contant | met een creditcard
[kɔn'tant | mɛt en 'kredit·kart]

Pretende fatura?

Wil u een kwitantie?
[wil ju en kwi'tantsi?]

Sim, por favor.

Ja graag.
[ja xrāx]

Não. Está bem!

Nee, hoeft niet.
[nē, huft nit]

Obrigado /Obrigada/.
Tenha um bom dia!

Bedankt. Een fijne dag verder!
[bə'dankt. en 'fɛjnə dax 'vɛrdər!]

Na cidade

Desculpe, por favor ...	**Pardon, ...** [par'dɔn, ...]
Estou à procura ...	**Ik ben op zoek naar ...** [ik bɛn ɔp zuk nār ...]

do metro	**de metro** [də 'metrɔ]
do meu hotel	**mijn hotel** [mɛjn hɔ'tɛl]
do cinema	**de bioscoop** [də biɔ'skōp]
da praça de táxis	**een taxistandplaats** [en 'taksi·'stantplāts]

do multibanco	**een geldautomaat** [en xɛlt·autɔ'māt]
de uma casa de câmbio	**een wisselagent** [en 'wisəl·a'xɛnt]
de um café internet	**een internet café** [en 'intərnɛt ka'fe]
da rua ...	**... straat** [... strāt]
deste lugar	**dit adres** [dit ad'rɛs]

Sabe dizer-me onde fica ...?	**Weet u waar ... is?** [wēt ju wār ... is?]
Como se chama esta rua?	**Welke straat is dit?** [wɛlkə strāt is dit?]

Mostre-me onde estamos de momento.	**Kunt u me aanwijzen waar we nu zijn?** [kʉnt ju mə 'ānwɛjzən wār wə nʉ zɛjn]
Posso ir até lá a pé?	**Kan ik er lopend naar toe?** [kan ik ɛr 'lɔpənt nār tu?]
Tem algum mapa da cidade?	**Hebt u een plattegrond van de stad?** [hɛpt ju en platə'xrɔnt van də stat?]

Quanto custa a entrada?	**Hoeveel kost de toegang?** [huvēl kɔst də 'tuxaŋ?]
Pode-se fotografar aqui?	**Kan ik hier foto's maken?** [kan ik hir 'fotɔs 'makən?]
Estão abertos?	**Bent u open?** [bɛnt ju 'ɔpən?]

A que horas abrem?

Hoe laat gaat u open?
[hu lāt xāt ju 'ɔpən?]

A que horas fecham?

Hoe laat sluit u?
[hu lāt slœɤt ju?]

Dinheiro

dinheiro	**geld** [xɛlt]
a dinheiro	**contant** [kɔn'tant]
dinheiro de papel	**bankbiljetten** [bank·bi'ljetən]
troco	**kleingeld** [klɛjn·xɛlt]
conta | troco | gorjeta	**rekening | wisselgeld | fooi** [rekəniŋ | 'wisəl·xɛlt | fõj]
cartão de crédito	**creditcard** [kredit·kart]
carteira	**portemonnee** [pɔrtəmɔ'nē]
comprar	**kopen** ['kɔpən]
pagar	**betalen** [bə'talən]
multa	**boete** ['butə]
gratuito	**gratis** [xratis]
Onde é que posso comprar ...?	**Waar kan ik ... kopen?** [wār kan ik ... 'kɔpən?]
O banco está aberto agora?	**Is de bank nu open?** [is də bank nʉ 'ɔpən?]
Quando abre?	**Hoe laat gaat hij open?** [hu lāt xāt hɛj 'ɔpən?]
Quando fecha?	**Hoe laat sluit hij?** [hu lāt slœyt hɛj?]
Quanto?	**Hoeveel?** [huvēl?]
Quanto custa isto?	**Hoeveel kost dit?** [huvēl kɔst dit?]
É muito caro.	**Dat is te duur.** [dat is tə dūr]
Desculpe, onde fica a caixa?	**Pardon, waar moet ik betalen?** [par'dɔn, wār mut ik bə'talən?]
A conta, por favor.	**De rekening alstublieft.** [də 'rekəniŋ alstʉ'blift]

Posso pagar com cartão de crédito?

Há algum Multibanco aqui?

Estou à procura de um Multibanco.

Estou à procura de uma
casa de câmbio.

Eu gostaria de trocar ...

Qual a taxa de câmbio?

Precisa do meu passaporte?

Kan ik met een creditcard betalen?
[kan ik mɛt en 'kredit·kart bə'talən?]

Is hier een geldautomaat?
[is hir en xɛlt·autɔ'māt?]

Ik zoek een geldautomaat.
[ik zuk en xɛlt·autɔ'māt]

Ik zoek een wisselagent.
[ik zuk en 'wisəl a'xɛnt]

Ik zou ... willen wisselen.
[ik 'zau ... 'wilən 'wisələn]

Wat is de wisselkoers?
[wat is də 'wisəl·kurs?]

Hebt u mijn paspoort nodig?
[hɛpt ju mɛjn 'paspōrt 'nɔdəx?]

Tempo

Que horas são?	**Hoe laat is het?** [hu lāt is ət?]
Quando?	**Wanneer?** [wa'nēr?]
A que horas?	**Hoe laat?** [hu lāt?]
agora | mais tarde | depois ...	**nu | later | na ...** [nʉ | 'latər | na ...]
uma em ponto	**een uur** [en ūr]
uma e quinze	**kwart over een** [kwart 'ɔvər en]
uma e trinta	**half twee** [half twē]
uma e quarenta e cinco	**kwart voor twee** [kwart vōr twē]
um | dois | três	**een | twee | drie** [en | twē | dri]
quatro | cinco | seis	**vier | vijf | zes** [vir | vɛjf | zɛs]
set | oito | nove	**zeven | acht | negen** [zevən | axt | 'nexən]
dez | onze | doze	**tien | elf | twaalf** [tin | ɛlf | twālf]
dentro de ...	**binnen ...** ['binən ...]
5 minutos	**vijf minuten** [vɛjf mi'nʉtən]
10 minutos	**tien minuten** [tin mi'nʉtən]
15 minutos	**vijftien minuten** [vɛjftin mi'nʉtən]
20 minutos	**twintig minuten** [twintəx mi'nʉtən]
meia hora	**een half uur** [en half ūr]
uma hora	**een uur** [en ūr]

de manhã	s ochtends
	[s 'ɔxtənts]
de manhã cedo	s ochtends vroeg
	[s 'ɔxtənts vrux]
esta manhã	vanmorgen
	[van'mɔrxən]
amanhã de manhã	morgenochtend
	['mɔrxən 'ɔxtənt]

ao meio-dia	in het midden van de dag
	[in ət 'midən van də dax]
à tarde	s middags
	[s 'midaxs]
à noite (das 18h às 24h)	s avonds
	[s 'avɔnts]
esta noite	vanavond
	[va'navɔnt]

à noite (da 0h às 6h)	s avonds
	[s 'avɔnts]
ontem	gisteren
	['xistərən]
hoje	vandaag
	[van'dãx]
amanhã	morgen
	['mɔrxən]
depois de amanhã	overmorgen
	[ɔvər'mɔrxən]

Que dia é hoje?	Wat is het vandaag?
	[wat is ət van'dãx?]
Hoje é ...	Het is ...
	[hɛt is ...]
segunda-feira	maandag
	[mãndax]
terça-feira	dinsdag
	[dinzdax]
quarta-feira	woensdag
	[wunzdax]

quinta-feira	donderdag
	[dɔndərdax]
sexta-feira	vrijdag
	[vrɛjdax]
sábado	zaterdag
	[zatərdax]
domingo	zondag
	[zɔndax]

Saudações. Apresentações

Olá!	**Hallo.** [halɔ]
Prazer em conhecê-lo /conhecê-la/.	**Aangenaam.** [ānxənām]
O prazer é todo meu.	**Insgelijks.** ['insxeləks]
Apresento-lhe ...	**Mag ik u voorstellen aan ...** [max ik ju 'vōrstɛlən ān ...]
Muito prazer.	**Aangenaam.** [ānxənām]

Como está?	**Hoe gaat het met u?** [hu xāt ət mɛt ju?]
Chamo-me ...	**Ik heet ...** [ik hēt ...]
Ele chama-se ...	**Dit is ...** [dit is ...]
Ela chama-se ...	**Dit is ...** [dit is ...]
Como é que o senhor /a senhora/ se chama?	**Hoe heet u?** [hu hēt ju?]
Como é que ela se chama?	**Hoe heet hij?** [hu hēt hɛj?]
Como é que ela se chama?	**Hoe heet zij?** [hu hēt zɛj?]

Qual o seu apelido?	**Wat is uw achternaam?** [wat is ʉw 'axtər·nām?]
Pode chamar-me ...	**Noem mij maar ...** [num mɛj mār ...]
De onde é?	**Vanwaar komt u?** [van'wār kɔmt ju?]
Sou de ...	**Ik kom van ...** [ik kɔm van ...]
O que faz na vida?	**Wat is uw beroep?** [wat is ʉw bə'rup?]
Quem é este?	**Wie is dit?** [wi is dit?]
Quem é ele?	**Wie is hij?** [wi is hɛj?]
Quem é ela?	**Wie is zij?** [wi is zɛj?]
Quem são eles?	**Wie zijn zij?** [wi zɛjn zɛj?]

Este é ...

o meu amigo

a minha amiga

o meu marido

a minha mulher

Dit is ...
[dit is ...]

mijn vriend
[mɛjn vrint]

mijn vriendin
[mɛjn vrin'din]

mijn man
[mɛjn man]

mijn vrouw
[mɛjn 'vrau]

o meu pai

a minha mãe

o meu irmão

a minha irmã

o meu filho

a minha filha

mijn vader
[mɛjn 'vadər]

mijn moeder
[mɛjn 'mudər]

mijn broer
[mɛjn brur]

mijn zuster
[mɛjn 'zʉstər]

mijn zoon
[mɛjn zõn]

mijn dochter
[mɛjn 'dɔxtər]

Este é o nosso filho.

Este é a nossa filha.

Estes são os meus filhos.

Estes são os nossos filhos.

Dit is onze zoon.
[dit is 'ɔnzə zõn]

Dit is onze dochter.
[dit is 'ɔnzə 'dɔxtər]

Dit zijn mijn kinderen.
[dit zɛjn 'mɛjn 'kindərən]

Dit zijn onze kinderen.
[dit zɛjn 'ɔnzə 'kindərən]

Despedidas

Adeus!	**Tot ziens!** [tɔt zins!]
Tchau!	**Doei!** [dui!]
Até amanhã.	**Tot morgen.** [tɔt 'mɔrxən]
Até breve.	**Tot binnenkort.** [tɔt binə'kɔrt]
Até às sete.	**Tot om zeven uur.** [tɔt ɔm 'zevən ūr]
Diverte-te!	**Veel plezier!** [vēl plə'zīr!]
Falamos mais tarde.	**Tot straks.** [tɔt straks]
Bom fim de semana.	**Prettig weekend.** [prɛtəx 'wīkɛnt]
Boa noite.	**Goede nacht.** [xudə naxt]
Está na hora.	**ik moet opstappen.** [ik mut 'ɔpstapən]
Preciso de ir embora.	**Ik moet weg.** [ik mut wɛx]
Volto já.	**ik ben zo terug.** [ik bɛn zɔ te'rʉx]
Já é tarde.	**Het is al laat.** [hɛt is al lāt]
Tenho de me levantar cedo.	**Ik moet vroeg op.** [ik mut vrux ɔp]
Vou-me embora amanhã.	**Ik vertrek morgen.** [ik vər'trɛk 'mɔrxən]
Vamos embora amanhã.	**Wij vertrekken morgen.** [wɛj vər'trɛkən 'mɔrxən]
Boa viagem!	**Prettige reis!** ['prɛtixə rɛjs!]
Tive muito prazer em conhecer-vos.	**Het was fijn u te leren kennen.** [hɛt was fɛjn ju tə 'lerən 'kɛnən]
Foi muito agradável falar consigo.	**Het was een prettig gesprek.** [hɛt was en 'prɛtəx xe'sprɛk]
Obrigado /Obrigada/ por tudo.	**Dank u wel voor alles.** [dank ju wɛl vōr 'aləs]

Passei um tempo muito agradável.	**ik heb ervan genoten.** [ik hɛp ɛr'van xe'nɔtən]
Passámos um tempo muito agradável.	**Wij hebben ervan genoten.** [wɛj 'hɛbən ɛr'van xə'nɔtən]
Foi mesmo fantástico.	**Het was bijzonder leuk.** [hɛt was bi'zɔndər 'løk]
Vou ter saudades suas.	**Ik ga je missen.** [ik xa je 'misən]
Vamos ter saudades suas.	**Wij gaan je missen.** [wɛj xān je 'misən]

Boa sorte!	**Veel succes!** [vēl sʉk'sɛs!]
Dê cumprimentos a …	**De groeten aan …** [də 'xrutən ān …]

Língua estrangeira

Eu não entendo.

Ik versta het niet.
[ik vər'sta ət nit]

Escreva isso, por favor.

Schrijf het neer alstublieft.
[sxrɛjf ət nẽr alstʉ'blift]

O senhor /a senhora/ fala ...?

Spreekt u ...?
[sprẽkt ju ...?]

Eu falo um pouco de ...

Ik spreek een beetje ...
[ik sprẽk en 'bẽtjə ...]

Inglês

Engels
['ɛŋəls]

Turco

Turks
[tʉrks]

Árabe

Arabisch
[a'rabis]

Francês

Frans
[frans]

Alemão

Duits
[dœyts]

Italiano

Italiaans
[itali'ãns]

Espanhol

Spaans
[spãns]

Português

Portugees
[portʉ'xẽs]

Chinês

Chinees
[ʃi'nẽs]

Japonês

Japans
[ja'pans]

Pode repetir isso, por favor.

Kunt u dat herhalen alstublieft.
[kʉnt ju dat hɛr'halən alstʉ'blift]

Compreendo.

Ik versta het.
[ik vər'sta ət]

Eu não entendo.

Ik versta het niet.
[ik vər'sta ət nit]

Por favor fale mais devagar.

Spreek wat langzamer alstublieft.
[sprẽk wat 'laŋzamər alstʉ'blift]

Isso está certo?

Is dat juist?
[is dat jœyst?]

O que é isto? (O que significa?)

Wat is dit?
[wat is dit?]

Desculpas

Desculpe-me, por favor.	**Excuseer me alstublieft.** [ɛkskʉ'zēr mə alstʉ'blift]
Lamento.	**Sorry.** ['sɔri]
Tenho muita pena.	**Het spijt me.** [hɛt spɛjt mə]
Desculpe, a culpa é minha.	**Sorry, het is mijn schuld.** [sɔri, hɛt is mɛjn sxʉlt]
O erro foi meu.	**Mijn schuld.** [mɛjn sxʉlt]

Posso …?	**Mag ik …?** [max ik …?]
O senhor /a senhora/ não se importa se eu …?	**Is het goed dat …?** [iz ət xut dat …?]
Não faz mal.	**Het is okay.** [hɛt is ɔ'kɛj]
Está tudo em ordem.	**Maakt niet uit.** [mākt nit œyt]
Não se preocupe.	**Maak je geen zorgen.** [māk je xēn 'zɔrxən]

Acordo

Sim.	**Ja.** [ja]
Sim, claro.	**Ja zeker.** [ja 'zekər]
Está bem!	**Goed!** [xut!]
Muito bem.	**Uitstekend.** [œʏt'stekənt]
Claro!	**Zeker weten!** ['zekər 'wetən!]
Concordo.	**Ik ga akkoord.** [ik xa a'kŏrt]
Certo.	**Precies.** [prə'sis]
Correto.	**Juist.** [jœʏst]
Tem razão.	**Je hebt gelijk.** [je hɛpt xə'lɛjk]
Eu não me oponho.	**Ik doe het graag.** [ik du ət xrãx]
Absolutamente certo.	**Dat is juist.** [dat is jœʏst]
É possível.	**Dat is mogelijk.** [dat is 'mɔxələk]
É uma boa ideia.	**Dat is een goed idee.** [dat is en xut i'dĕ]
Não posso recusar.	**Ik kan niet nee zeggen.** [ik kan nit nĕ 'zɛxən]
Terei muito gosto.	**Met genoegen.** [mɛt xə'nuxən]
Com prazer.	**Graag.** [xrãx]

Recusa. Expressão de dúvida

Não.   **Nee.**
                               [nē]
Claro que não.   **Beslist niet.**
                               [bəs'list nit]

Não concordo.   **Daar ben ik het niet mee eens.**
                               [dãr bɛn ik ət nit mē ēns]
Não creio.   **Dat geloof ik niet.**
                               [dat xe'lōf ik nit]
Isso não é verdade.   **Dat is niet waar.**
                               [dat is nit wãr]

O senhor /a senhora/ não tem razão.   **U maakt een fout.**
                               [ju mãkt en 'faut]
Acho que o senhor /a senhora/ não   **Ik denk dat u een fout maakt.**
tem razão.   [ik dɛnk dat ju en 'faut mãkt]
Não tenho a certeza.   **Ik weet het niet zeker.**
                               [ik wēt ət nit 'zekər]
É impossível.   **Het is onmogelijk.**
                               [hɛt is ɔn'mɔxələk]
De modo algum!   **Beslist niet!**
                               [bəs'list nit!]

Exatamente o contrário.   **Precies het tegenovergestelde!**
                               [prə'sis hɛt 'texən·'ɔvərxəstɛldə!]
Sou contra.   **Ik ben er tegen.**
                               [ik bɛn ɛr 'texən]

Não me importo.   **Ik geef er niet om.**
                               [ik xēf ɛr nit ɔm]
Não faço ideia.   **Ik heb geen idee.**
                               [ik hɛp xēn i'dē]
Não creio.   **Dat betwijfel ik.**
                               [dat bet'wɛjfəl ik]

Desculpe, mas não posso.   **Sorry, ik kan niet.**
                               [sɔri, ik kan nit]
Desculpe, mas não quero.   **Sorry, ik wil niet.**
                               ['sɔri, ik wil nit]

Desculpe, não quero isso.   **Dank u, maar ik heb dit niet nodig.**
                               [dank ju, mãr ik hɛp dit nit 'nɔdəx]
Já é muito tarde.   **Het wordt laat.**
                               [hɛt wɔrt lãt]

Tenho de me levantar cedo.

Ik moet vroeg op.
[ik mut vrux ɔp]

Não me sinto bem.

Ik voel me niet lekker.
[ik vul mə nit 'lɛkər]

Expressão de gratidão

Obrigado /Obrigada/.	**Bedankt.** [bə'dankt]
Muito obrigado /obrigada/.	**Heel erg bedankt.** [hēl ɛrx bə'dankt]
Fico muito grato /grata/.	**Ik stel dit zeer op prijs.** [ik stel dit zēr ɔp prɛjs]
Estou-lhe muito reconhecido.	**Ik ben u erg dankbaar.** [ik bɛn ju ɛrx 'dankbār]
Estamos-lhe muito reconhecidos.	**Wij zijn u erg dankbaar.** [wɛj zɛjn ju ɛrx 'dankbār]

Obrigado /Obrigada/ pelo seu tempo.	**Bedankt voor uw tijd.** [bə'dankt vōr ʉw tɛjt]
Obrigado /Obrigada/ por tudo.	**Dank u wel voor alles.** [dank ju wɛl vōr 'aləs]
Obrigado /Obrigada/ ...	**Bedankt voor ...** [bə'dankt vōr ...]
... pela sua ajuda	**uw hulp** [ʉw hʉlp]
... por este tempo bem passado	**een leuke dag** [en 'løkə dax]

... pela comida deliciosa	**een heerlijke maaltijd** [en 'hērlɛkə 'māltɛjt]
... por esta noite agradável	**een prettige avond** [en 'prɛtixə 'avɔnt]
... pelo dia maravilhoso	**een prettige dag** [en 'prɛtixə dax]
... pela jornada fantástica	**een fantastische reis** [en fan'tastise rɛjs]

Não tem de quê.	**Graag gedaan.** [xrãx xə'dān]
Não precisa agradecer.	**Graag gedaan.** [xrãx xə'dān]
Disponha sempre.	**Graag gedaan.** [xrãx xə'dān]
Foi um prazer ajudar.	**Tot uw dienst.** [tɔt ʉw dinst]
Esqueça isso.	**Graag gedaan.** [xrãx xə'dān]
Não se preocupe.	**Maak je geen zorgen.** [māk je xēn 'zɔrxən]

Parabéns. Cumprimentos

Parabéns!	**Gefeliciteerd!** [xəfelisi'tērt!]
Feliz aniversário!	**Gefeliciteerd met je verjaardag!** [xəfelisi'tērt mɛt je və'rjārdax!]
Feliz Natal!	**Prettig Kerstfeest!** [prɛtəx 'kɛrstfēst!]
Feliz Ano Novo!	**Gelukkig Nieuwjaar!** [xə'lʉkəx 'niu'jār!]
Feliz Páscoa!	**Vrolijk Paasfeest!** [vrɔlək 'pāsfēst!]
Feliz Hanukkah!	**Gelukkig Chanoeka!** [xə'lʉkəx 'xanuka!]
Gostaria de fazer um brinde.	**Ik wil een heildronk uitbrengen.** [ik wil en 'hɛjldrɔnk 'œʏtbreŋen]
Saúde!	**Proost!** [prōst!]
Bebamos a ...!	**Laten we drinken op ...!** [latən we 'drinkən ɔp ... !]
Ao nosso sucesso!	**Op ons succes!** [ɔp ɔns sʉk'sɛs!]
Ao vosso sucesso!	**Op uw succes!** [ɔp ʉw sʉk'sɛs!]
Boa sorte!	**Veel succes!** [vēl sʉk'sɛs!]
Tenha um bom dia!	**Een prettige dag!** [en 'prɛtixə dax!]
Tenha um bom feriado!	**Een prettige vakantie!** [en 'prɛtixə va'kantsi!]
Tenha uma viagem segura!	**Een veilige reis!** [en 'vɛjlixə rɛjs!]
Espero que melhore em breve!	**Ik hoop dat u gauw weer beter bent!** [ik hōp dat ju 'xau wēr 'betər bɛnt!]

Socializando

Porque é que está chateado /chateada/?	**Waarom zie je er zo verdrietig uit?** [wā'rɔm zi je ɛr zɔ vǝr'dritǝx œʏt?]
Sorria!	**Lach eens! Wees vrolijk!** [lax ēns! wēs 'vrɔlǝk!]
Está livre esta noite?	**Ben je vrij vanavond?** [bɛn je vrɛj va'navɔnt?]

Posso oferecer-lhe algo para beber?	**Mag ik je een drankje aanbieden?** [max ik je en 'drankje 'ānbidǝn?]
Você quer dançar?	**Zullen we eens dansen?** [zʉlǝn we ēns 'dansǝn?]
Vamos ao cinema.	**Laten we naar de bioscoop gaan.** [latǝn we nār dǝ biɔ'skōp xān]

Gostaria de a convidar para ir ...	**Mag ik je uitnodigen naar ...?** [max ik je 'œʏtnɔdixǝn nār ...?]
ao restaurante	**een restaurant** [en rɛstɔ'ran]
ao cinema	**de bioscoop** [dǝ biɔ'skōp]
ao teatro	**het theater** [hɛt te'ater]
passear	**een wandeling** [en 'wandǝliŋ]

A que horas?	**Hoe laat?** [hu lāt?]
hoje à noite	**vanavond** [va'navɔnt]
às 6 horas	**om zes uur** [ɔm zɛs ūr]
às 7 horas	**om zeven uur** [ɔm 'zevǝn ūr]
às 8 horas	**om acht uur** [ɔm axt ūr]
às 9 horas	**om negen uur** [ɔm 'nexǝn ūr]

Gosta deste local?	**Vind u het hier leuk?** [vint ju ǝt hir 'løk?]
Está com alguém?	**Bent u hier met iemand?** [bɛnt ju hir mɛt i'mant?]
Estou com o meu amigo.	**Ik ben met mijn vriend.** [ik bɛn mɛt mɛjn vrint]

Estou com os meus amigos.	**Ik ben met mijn vrienden.** [ik bɛn mɛt mɛjn 'vrindən]
Não, estou sozinho /sozinha/.	**Nee, ik ben alleen.** [ik bɛn a'lēn]

Tens namorado?	**Heb jij een vriendje?** [hɛp jɛj en 'vrindje?]
Tenho namorado.	**Ik heb een vriendje.** [ik hɛp en 'vrindje]
Tens namorada?	**Heb jij een vriendin?** [hɛp jɛj en vrin'din?]
Tenho namorada.	**Ik heb een vriendin.** [ik hɛp en vrin'din]

Posso voltar a vêr-te?	**Kan ik je weer eens zien?** [kan ik je wēr ēns zin?]
Posso ligar-te?	**Mag ik je opbellen?** [max ik je ɔ'bɛlən?]
Liga-me.	**Bel me op.** [bɛl mə ɔp]
Qual é o teu número?	**Wat is je nummer?** [wat is je 'nʉmər?]
Tenho saudades tuas.	**Ik mis je.** [ik mis je]

Tem um nome muito bonito.	**U hebt een mooie naam.** [ju hɛpt en mōje nām]
Amo-te.	**Ik hou van jou.** [ik 'hau van 'jau]
Quer casar comigo?	**Wil je met me trouwen?** [wil je mɛt mə 'trauwən?]
Você está a brincar!	**Dat meen je niet!** [dat mēn je nit!]
Estou só a brincar.	**Grapje.** [xrapje]

Está a falar a sério?	**Meen je dat?** [mēn je dat?]
Estou a falar a sério.	**Ik meen het.** [ik mēn ət]
De verdade?!	**Heus waar?!** [høs wār?!]
Incrível!	**Dat is ongelooflijk!** [dat is ɔnxə'lōflək!]
Não acredito.	**Ik geloof je niet.** [ik xə'lōf je nit]
Não posso.	**Ik kan niet.** [ik kan nit]
Não sei.	**Ik weet het niet.** [ik wēt ət nit]
Não entendo o que está a dizer.	**Ik versta u niet.** [ik vər'sta ju nit]

Saia, por favor.	**Ga alstublieft weg.**
	[xa alstu'blift wɛx]
Deixe-me em paz!	**Laat me gerust!**
	[lãt mə xə'rʉst!]

Eu não o suporto.	**Ik kan hem niet uitstaan.**
	[ik kan hɛm nit 'œʏtstãn]
Você é detestável!	**U bent een smeerlap!**
	[ju bɛnt en 'smẽrlap!]
Vou chamar a polícia!	**Ik ga de politie bellen!**
	[ik xa də pɔ'litsi 'bɛlən!]

Partilha de impressões. Emoções

Gosto disto.

Dat vind ik fijn.
[dat vint ik fɛjn]

É muito simpático.

Heel mooi.
[hēl mōj]

Fixe!

Wat leuk!
[wat 'løk!]

Não é mau.

Dat is niet slecht.
[dat is nit slɛxt]

Não gosto disto.

Daar houd ik niet van.
[dār 'haut ik nit van]

Isso não está certo.

Dat is niet goed.
[dat is nit xut]

Isso é mau.

Het is slecht.
[hɛt is slɛxt]

Isso é muito mau.

Het is heel slecht.
[hɛt is hēl slɛxt]

Isso é asqueroso.

Het is smerig.
[hɛt is 'smerəx]

Estou feliz.

Ik ben blij.
[ik bɛn blɛj]

Estou contente.

Ik ben tevreden.
[ik bɛn təv'redən]

Estou apaixonado /apaixonada/.

ik ben verliefd.
[ik bɛn vər'lift]

Estou calmo /calma/.

Ik voel me rustig.
[ik vul mə 'rʉstəx]

Estou aborrecido /aborrecida/.

Ik verveel me.
[ik vər'vēl mə]

Estou cansado /cansada/.

Ik ben moe.
[ik bɛn mu]

Estou triste.

Ik ben verdrietig.
[ik bɛn vər'dritəx]

Estou apavorado /apavorada/.

Ik ben bang.
[ik bɛn baŋ]

Estou zangado /zangada/.

Ik ben kwaad.
[ik bɛn kwāt]

Estou preocupado /preocupada/.

Ik ben bezorgd.
[ik bɛn bə'zɔrxt]

Estou nervoso /nervosa/.

Ik ben zenuwachtig.
[ik bɛn 'zenʉwaxtəx]

Estou ciumento /ciumenta/.

Ik ben jaloers.
[ik bɛn ja'lurs]

Estou surpreendido /surpreendida/.

Het verwondert me.
[hɛt vər'wɔndərt mə]

Estou perplexo /perplexa/.

Ik sta paf.
[ik sta paf]

Problemas. Acidentes

Tenho um problema.	**Ik heb een probleem.** [ik hɛp en prɔ'blēm]
Temos um problema.	**Wij hebben een probleem.** [wɛj 'hɛbən en prɔ'blēm]
Estou perdido.	**Ik ben de weg kwijt.** [ik bɛn də wɛx kwɛjt]
Perdi o último autocarro.	**Ik heb de laatste bus (trein) gemist.** [ik hɛp də 'lātstə bʉs (trɛjn) xə'mist]
Não me resta nenhum dinheiro.	**Ik heb geen geld meer.** [ik hɛp xēn xɛlt mēr]

Eu perdi ...	**Ik heb mijn ... verloren** [ik hɛp mɛjn ... vər'lɔrən]
Roubaram-me ...	**Iemand heeft mijn ... gestolen** [imant hēft mɛjn ... xəs'tɔlən]
o meu passaporte	**paspoort** [paspōrt]
a minha carteira	**portemonnee** [pɔrtəmɔ'nē]
os meus papéis	**papieren** [pa'pirən]
o meu bilhete	**kaartje** [kārtjə]

o dinheiro	**geld** [xɛlt]
a minha mala	**tas** [tas]
a minha camara	**camera** [kaməra]
o meu computador	**laptop** ['lɛptɔp]
o meu tablet	**tablet** [tab'lɛt]
o meu telemóvel	**mobieltje** [mɔ'biltjə]

Ajude-me!	**Help!** [hɛlp!]
O que é que aconteceu?	**Wat is er aan de hand?** [wat is ɛr ān də hant?]
fogo	**brand** [brant]

tiroteio
er wordt geschoten
[ɛr wɔrt xəs'xɔtən]

assassínio
moord
[mõrt]

explosão
ontploffing
[ɔntp'lɔfiŋ]

briga
gevecht
[xə'vɛxt]

Chame a polícia!
Bel de politie!
[bɛl də pɔ'litsi!]

Mais depressa, por favor!
Opschieten alstublieft!
[ɔpsxitən alstʉ'blift!]

Estou à procura de uma esquadra
de polícia.
Ik zoek het politiebureau.
[ik zuk ət pɔ'litsi bʉ'rɔ]

Preciso de telefonar.
Ik moet opbellen.
[ik mut ɔ'bɛlən]

Posso telefonar?
Mag ik uw telefoon gebruiken?
[max ik ʉw telə'fõn xə'brœʏkən?]

Fui …
Ik ben …
[ik bɛn …]

assaltado /assaltada/
overvallen
[ɔvər'valən]

roubado /roubada/
bestolen
[bəs'tɔlən]

violada
verkracht
[vərk'raxt]

atacado /atacada/
aangevallen
[ānxəvalən]

Está tudo bem consigo?
Gaat het?
[xāt ət?]

Viu quem foi?
Hebt u gezien wie het was?
[hɛpt ju xə'zin wi ət was?]

Seria capaz de reconhecer a pessoa?
Zou u de persoon kunnen herkennen?
[zau ju də pɛr'sõn 'kʉnən hɛr'kɛnən?]

Tem a certeza?
Bent u daar zeker van?
[bɛnt ju dār 'zekər van?]

Acalme-se, por favor.
Rustig aan alstublieft.
[rʉstəx ān alstʉ'blift]

Calma!
Kalm aan!
[kalm ān!]

Não se preocupe.
Maak je geen zorgen!
[māk je xēn 'zɔrxən!]

Vai ficar tudo bem.
Alles komt in orde.
[aləs kɔmt in 'ɔrdə]

Está tudo em ordem.
Alles is in orde.
[aləs iz in 'ɔrdə]

Chegue aqui, por favor.
Kom hier alstublieft.
[kɔm hir alstʉ'blift]

Tenho algumas questões a colocar-lhe.

Ik heb een paar vragen voor u.
[ik hɛp ən pãr 'vraxən võr ju]

Aguarde um momento, por favor.

Een ogenblikje alstublieft.
[en 'ɔxənblikje alstʉ'blift]

Tem alguma identificação?

Hebt u een ID-kaart?
[hɛpt ju ən aj'di-kãrt?]

Obrigado. Pode ir.

Dank u. U mag nu vertrekken.
[dank ju. ju max nʉ vər'trɛkən]

Mãos atrás da cabeça!

Handen achter uw hoofd!
[handən 'axtər ʉw hõft!]

Você está preso!

U bent onder arrest!
[ju bɛnt 'ɔndər a'rɛst!]

Problemas de saúde

Ajude-me, por favor.	**Kunt u mij helpen alstublieft?** [kʉnt ju mɛj 'hɛlpən alstʉ'blift]
Não me sinto bem.	**Ik voel me niet goed.** [ik vul mə nit xut]
O meu marido não se sente bem.	**Mijn man voelt zich niet goed.** [mɛjn man vult zix nit xut]
O meu filho ...	**Mijn zoon ...** [mɛjn zõn ...]
O meu pai ...	**Mijn vader ...** [mɛjn 'vadər ...]
A minha mulher não se sente bem.	**Mijn vrouw voelt zich niet goed.** [mɛjn 'vrau vult zix nit xut]
A minha filha ...	**Mijn dochter ...** [mɛjn 'dɔxtər ...]
A minha mãe ...	**Mijn moeder ...** [mɛjn 'mudər ...]
Tenho uma ...	**Ik heb ...** [ik hɛp ...]
dor de cabeça	**hoofdpijn** [hõftpɛjn]
dor de garganta	**keelpijn** [kēlpɛjn]
dor de barriga	**maagpijn** [mãxpɛjn]
dor de dentes	**tandpijn** [tantpɛjn]
Estou com tonturas.	**Ik voel me duizelig.** [ik vul mə 'dœyzələx]
Ele está com febre.	**Hij heeft koorts.** [hɛj hēft kõrts]
Ela está com febre.	**Zij heeft koorts.** [zɛj hēft kõrts]
Não consigo respirar.	**Ik heb moeite met ademen.** [ik hɛp 'mujtə mɛt 'adəmən]
Estou a sufocar.	**Ik ben kortademig.** [ik bɛn kɔ'rtadəməx]
Sou asmático /asmática/.	**Ik ben astmatisch.** [ik bɛn astm'atis]
Sou diabético /diabética/.	**Ik ben diabeet.** [ik bɛn 'diabēt]

Estou com insónia.	**Ik kan niet slapen.**
	[ik kan nit 'slapən]
intoxicação alimentar	**voedselvergiftiging**
	[vutsəl·vər'xiftəxiŋ]

Dói aqui.	**Het doet hier pijn.**
	[hɛt dut hir pɛjn]
Ajude-me!	**Help!**
	[hɛlp!]
Estou aqui!	**Ik ben hier!**
	[ik bɛn hir!]
Estamos aqui!	**Wij zijn hier!**
	[wɛj zɛjn hir!]
Tirem-me daqui!	**Kom mij halen!**
	[kɔm mɛj 'halən!]
Preciso de um médico.	**Ik heb een dokter nodig.**
	[ik hɛp ən 'dɔktər 'nɔdəx]
Não me consigo mexer.	**Ik kan me niet bewegen.**
	[ik kan mə nit bə'wexən]
Não consigo mover as pernas.	**Ik kan mijn benen niet bewegen.**
	[ik kan mɛjn 'benən nit bə'wexən]

Estou ferido.	**Ik heb een wond.**
	[ik hɛp ən wɔnt]
É grave?	**Is het erg?**
	[iz ət ɛrx?]
Tenho os documentos no bolso.	**Mijn documenten zijn in mijn zak.**
	[mɛjn dɔkʉ'mɛntən zɛjn in mɛjn zak]
Acalme-se!	**Rustig maar!**
	[rʉstəx mār!]
Posso telefonar?	**Mag ik uw telefoon gebruiken?**
	[max ik ʉw telə'fōn xə'brœykən?]

Chame uma ambulância!	**Bel een ambulance!**
	[bɛl ən ambʉ'lansə!]
É urgente!	**Het is dringend!**
	[hɛt is 'driŋənt!]
É uma emergência!	**Het is een noodgeval!**
	[hɛt is ən 'nōtxəval!]
Mais depressa, por favor!	**Opschieten alstublieft!**
	[ɔpsxitən alstʉ'blift!]
Chame o médico, por favor.	**Kunt u alstublieft een dokter bellen?**
	[kʉnt ju alstʉ'blift ən 'dɔktər 'bɛlən?]
Onde fica o hospital?	**Waar is het ziekenhuis?**
	[wār iz ət 'zikənhœys?]

Como se sente?	**Hoe voelt u zich?**
	[hu vult ju zix?]
Está tudo bem consigo?	**Hoe gaat het?**
	[hu xāt ət?]
O que é que aconteceu?	**Wat is er gebeurd?**
	[wat is ɛr xə'børt?]

Já me sinto melhor.

Ik voel me nu wat beter.
[ik vul mə nʉ wat 'betər]

Está tudo em ordem.

Het is okay.
[hɛt is ɔ'kɛj]

Tubo bem.

Het gaat beter.
[hɛt xāt 'betər]

Na farmácia

farmácia	**apotheek** [apɔ'tēk]
farmácia de serviço	**dag en nacht apotheek** [dax ɵn naxt apɔ'tēk]
Onde fica a farmácia mais próxima?	**Waar is de meest nabij gelegen apotheek?** [wār is dɵ mēst na'bɛj xɵ'lexɵn apɔ'tēk?]

Está aberto agora?	**Is hij nu open?** [is hɛj nʉ 'ɔpɵn?]
A que horas abre?	**Hoe laat gaat hij open?** [hu lāt xāt hɛj 'ɔpɵn?]
A que horas fecha?	**Hoe laat sluit hij?** [hu lāt slœyt hɛj?]

Fica longe?	**Is het ver?** [iz ɵt vɛr?]
Posso ir até lá a pé?	**Kan ik er lopend naar toe?** [kan ik ɛr 'lɔpɵnt nār tu?]
Pode-me mostrar no mapa?	**Kunt u het op de plattegrond aanwijzen?** [kʉnt ju ɵt ɔp dɵ platɵ'xrɔnt 'ānwɛjzɵn?]

Por favor dê-me algo para ...	**Geef mij alstublieft iets voor ...** [xēf mɛj alstʉ'blift its vōr ...]
as dores de cabeça	**hoofdpijn** [hōftpɛjn]
a tosse	**hoest** [hust]
o resfriado	**verkoudheid** [vɵr'kauthɛjt]
a gripe	**de griep** [dɵ xrip]

a febre	**koorts** [kōrts]
uma dor de estômago	**maagpijn** [māxpɛjn]
as náuseas	**misselijkheid** ['misɵlɵkhɛjt]
a diarreia	**diarree** [dia'rē]

a constipação

constipatie
[kɔnsti'patsi]

as dores nas costas

rugpijn
[rʉxpɛjn]

as dores no peito

pijn in mijn borst
[pɛjn in mɛjn bɔrst]

a sutura

steek in de zij
[stēk in də zɛj]

as dores abdominais

pijn in mijn onderbuik
[pɛjn in mɛjn 'ɔndərbœʏk]

comprimido

pil
[pil]

unguento, creme

zalf, crème
[zalf, krɛ:m]

charope

stroop
[strōp]

spray

verstuiver
[vərstœʏvər]

dropes

druppels
[drʉpəls]

Você precisa de ir ao hospital.

U moet naar het ziekenhuis.
[ju mut nār ət 'zikənhœʏs]

seguro de saúde

ziektekostenverzekering
[ziktəkɔstən·vər'zekəriŋ]

prescrição

voorschrift
[vōrsxrift]

repelente de insetos

anti-insecten middel
[anti-in'sɛktən 'midəl]

penso rápido

pleister
['plɛjstər]

O mínimo

Desculpe, ...	**Pardon, ...** [par'dɔn, ...]
Olá!	**Hallo.** [halɔ]
Obrigado /Obrigada/.	**Bedankt.** [bə'dankt]
Adeus.	**Tot ziens.** [tɔt zins]
Sim.	**Ja.** [ja]
Não.	**Nee.** [nē]
Não sei.	**Ik weet het niet.** [ik wēt ət nit]
Onde? | Para onde? | Quando?	**Waar? | Waarheen? | Wanneer?** [wār? | wār'hēn? | wa'nēr?]

Preciso de ...	**Ik heb ... nodig** [ik hɛp ... 'nɔdəx]
Eu queria ...	**Ik wil ...** [ik wil ...]
Tem ...?	**Hebt u ...?** [hɛpt ju ...?]
Há aqui ...?	**Is hier een ...?** [is hir en ...?]
Posso ...?	**Mag ik ...?** [max ik ...?]
..., por favor	**... alstublieft** [... alstʉ'blift]

Estou à procura de ...	**Ik zoek ...** [ik zuk ...]
casa de banho	**toilet** [twa'lɛt]
Multibanco	**geldautomaat** [xɛlt·autɔ'māt]
farmácia	**apotheek** [apɔ'tēk]
hospital	**ziekenhuis** [zikənhœys]
esquadra de polícia	**politiebureau** [pɔ\'litsi bʉ\'rɔ]
metro	**metro** ['metrɔ]

táxi	**taxi**
	[taksi]
estação de comboio	**station**
	[sta'tsjɔn]

Chamo-me ...	**Ik heet ...**
	[ik hĕt ...]
Como se chama?	**Hoe heet u?**
	[hu hĕt ju?]
Pode-me dar uma ajuda?	**Kunt u me helpen alstublieft?**
	[kʉnt ju mə 'hɛlpən alstʉ'blift?]
Tenho um problema.	**Ik heb een probleem.**
	[ik hɛp en prɔ'blĕm]
Não me sinto bem.	**Ik voel me niet goed.**
	[ik vul mə nit xut]
Chame a ambulância!	**Bel een ambulance!**
	[bɛl en ambʉ'lansə!]
Posso fazer uma chamada?	**Mag ik opbellen?**
	[max ik ɔ'bɛlən?]

Desculpe.	**Sorry.**
	['sɔri]
De nada.	**Graag gedaan.**
	[xrãx xə'dãn]

eu	**Ik, mij**
	[ik, mɛj]
tu	**jij**
	[jɛj]
ele	**hij**
	[hɛj]
ela	**zij**
	[zɛj]
eles	**zij**
	[zɛj]
elas	**zij**
	[zɛj]
nós	**wij**
	[wɛj]
vocês	**jullie**
	['juli]
você	**u**
	[ju]

ENTRADA	**INGANG**
	[inxaŋ]
SAÍDA	**UITGANG**
	[œɣtxaŋ]
FORA DE SERVIÇO	**BUITEN GEBRUIK**
	[bœɣtən xə'brœɣk]
FECHADO	**GESLOTEN**
	[xə'slɔtən]

ABERTO	**OPEN** ['ɔpən]
PARA SENHORAS	**DAMES** [daməs]
PARA HOMENS	**HEREN** ['herən]

VOCABULÁRIO TÓPICO

Esta secção contém mais
de 3.000 das palavras mais
importantes.
O dicionário fornecerá uma
ajuda inestimável ao viajar
para o estrangeiro, porque
frequentemente o uso
de palavras individuais
é suficiente para ser
compreendido. O dicionário
inclui uma transcrição
conveniente de cada palavra
estrangeira

T&P Books Publishing

CONTEÚDO DO DICIONÁRIO

T&P Books Publishing

CONCEITOS BÁSICOS

T&P Books Publishing

1. Pronomes

eu	**ik**	[ik]
tu	**jij, je**	[jɛj], [jə]
ele	**hij**	[hɛj]
ela	**zij, ze**	[zɛj], [zə]
ele, ela	**het**	[ət]
nós	**wij, we**	[wɛj], [wə]
vocês	**jullie**	['juli]
eles, -as	**zij, ze**	[zɛj], [zə]

2. Cumprimentos. Saudações

Olá!	**Hallo! Dag!**	[ha'lɔ dax]
Bom dia! (formal)	**Hallo!**	[ha'lɔ]
Bom dia! (de manhã)	**Goedemorgen!**	['xudə·'mɔrxən]
Boa tarde!	**Goedemiddag!**	['xudə·'midax]
Boa noite!	**Goedenavond!**	['xudən·'avɔnt]
cumprimentar (vt)	**gedag zeggen**	[xe'dax 'zexən]
Olá!	**Hoi!**	[hɔj]
saudação (f)	**groeten (het)**	['xrutən]
saudar (vt)	**verwelkomen**	[vər'wɛlkɔmən]
Como vai?	**Hoe gaat het?**	[hu xāt ət]
O que há de novo?	**Is er nog nieuws?**	[is ɛr nɔx 'nius]
Adeus! (formal)	**Tot ziens!**	[tɔt 'tsins]
Até à vista! (informal)	**Doei!**	['dui]
Até breve!	**Tot snel!**	[tɔt snɛl]
Adeus!	**Vaarwel!**	[vār'wɛl]
despedir-se (vp)	**afscheid nemen**	['afsxɛjt 'nemən]
Até logo!	**Tot kijk!**	[tɔt kɛjk]
Obrigado! -a!	**Dank u!**	[dank ju]
Muito obrigado! -a!	**Dank u wel!**	[dank ju wɛl]
De nada.	**Graag gedaan.**	[xrāx xə'dān]
Não tem de quê.	**Geen dank.**	[xēn dank]
De nada.	**Geen moeite.**	[xēn 'mujtə]
Desculpa! -pe!	**Excuseer me, ...**	[ɛksku'zēr mə]
desculpar (vt)	**excuseren**	[ɛksku'zerən]
desculpar-se (vp)	**zich verontschuldigen**	[zih vərɔnt'sxuldəxən]

As minhas desculpas	Mijn excuses	[mɛjn ɛks'kʉzəs]
Desculpe!	Het spijt me!	[ət spɛjt mə]
perdoar (vt)	vergeven	[vər'xevən]
Não faz mal	Maakt niet uit!	[māk nit œʏt]
por favor	alsjeblieft	[alstʉ'blift]

Não se esqueça!	Vergeet het niet!	[vər'xēt ət nit]
Certamente! Claro!	Natuurlijk!	[na'tūrlək]
Claro que não!	Natuurlijk niet!	[na'tūrlək nit]
De acordo!	Akkoord!	[a'kōrt]
Basta!	Zo is het genoeg!	[zɔ is ət xə'nux]

3. Questões

Quem?	Wie?	[wi]
Que?	Wat?	[wat]
Onde?	Waar?	[wār]
Para onde?	Waarheen?	[wār'hēn]
De onde?	Waarvandaan?	[ʋār·van'dān]
Quando?	Wanneer?	[wa'nēr]
Para quê?	Waarom?	[wār'ɔm]
Porquê?	Waarom?	[wār'ɔm]

Para quê?	Waarvoor dan ook?	[wār'vōr dan 'ōk]
Como?	Hoe?	[hu]
Qual?	Wat voor ...?	[wat vɔr]
Qual?	Welk?	[wɛlk]

A quem?	Aan wie?	[ān wi]
Sobre quem?	Over wie?	['ɔvər wi]
Do quê?	Waarover?	[wār'ɔvər]
Com quem?	Met wie?	[mɛt 'wi]

| Quanto, -os, -as? | Hoeveel? | [hu'vēl] |
| De quem? (masc.) | Van wie? | [van 'wi] |

4. Preposições

com (prep.)	met	[mɛt]
sem (prep.)	zonder	['zɔndər]
a, para (exprime lugar)	naar	[nār]
sobre (ex. falar ~)	over	['ɔvər]
antes de ...	voor	[vōr]
diante de ...	voor	[vōr]

sob (debaixo de)	onder	['ɔndər]
sobre (em cima de)	boven	['bɔvən]
sobre (~ a mesa)	op	[ɔp]

| de (vir ~ Lisboa) | van | [van] |
| de (feito ~ pedra) | van | [van] |

| dentro de (~ dez minutos) | over | ['ɔvər] |
| por cima de ... | over | ['ɔvər] |

5. Palavras funcionais. Advérbios. Parte 1

Onde?	Waar?	[wãr]
aqui	hier	[hir]
lá, ali	daar	[dãr]

| em algum lugar | ergens | ['ɛrxəns] |
| em lugar nenhum | nergens | ['nɛrxəns] |

| ao pé de ... | bij ... | [bɛj] |
| ao pé da janela | bij het raam | [bɛj het 'rãm] |

Para onde?	Waarheen?	[wãr'hẽn]
para cá	hierheen	[hir'hẽn]
para lá	daarheen	[dãr'hẽn]
daqui	hiervandaan	[hirvan'dãn]
de lá, dali	daarvandaan	[darvan'dãn]

| perto | dichtbij | [dix'bɛj] |
| longe | ver | [vɛr] |

perto de ...	in de buurt	[in də būrt]
ao lado de	dichtbij	[dix'bɛj]
perto, não fica longe	niet ver	[nit vɛr]

esquerdo	linker	['linkər]
à esquerda	links	[links]
para esquerda	linksaf, naar links	['linksaf], [nãr 'links]

direito	rechter	['rɛxtər]
à direita	rechts	[rɛxts]
para direita	rechtsaf, naar rechts	['rɛxtsaf], [nãr 'rɛxts]

à frente	vooraan	[võ'rãn]
da frente	voorste	['võrstə]
em frente (para a frente)	vooruit	[võr'œʏt]

atrás de ...	achter	['axtər]
por detrás (vir ~)	van achteren	[van 'axtərən]
para trás	achteruit	['axtərœʏt]

meio (m), metade (f)	midden (het)	['midən]
no meio	in het midden	[in ət 'midən]
de lado	opzij	[ɔp'sɛj]

| em todo lugar | overal | [ɔvə'ral] |
| ao redor (olhar ~) | omheen | [ɔm'hēn] |

de dentro	binnenuit	['binənœyt]
para algum lugar	naar ergens	[nãr 'ɛrxəns]
diretamente	rechtdoor	[rɛx'dõr]
de volta	terug	[te'rʉx]

| de algum lugar | ergens vandaan | ['ɛrxəns van'dãn] |
| de um lugar | ergens vandaan | ['ɛrxəns van'dãn] |

em primeiro lugar	ten eerste	[tən 'ērstə]
em segundo lugar	ten tweede	[tən 'twēdə]
em terceiro lugar	ten derde	[tən 'dɛrdə]

de repente	plotseling	['plɔtseliŋ]
no início	in het begin	[in ət bə'xin]
pela primeira vez	voor de eerste keer	[võr də 'ērstə kēr]
muito antes de ...	lang voor ...	[laŋ võr]
de novo, novamente	opnieuw	[ɔp'niu]
para sempre	voor eeuwig	[võr 'ēwəx]

nunca	nooit	[nõjt]
de novo	weer	[wēr]
agora	nu	[nʉ]
frequentemente	vaak	[vãk]
então	toen	[tun]
urgentemente	urgent	[jurxənt]
usualmente	meestal	['mēstal]

a propósito, ...	trouwens, ...	['trauwəns]
é possível	mogelijk	['mɔxələk]
provavelmente	waarschijnlijk	[wãr'sxɛjnlək]
talvez	misschien	[mis'xin]
além disso, ...	trouwens	['trauwəns]
por isso ...	daarom ...	[dã'rɔm]
apesar de ...	in weerwil van ...	[in 'wērwil van]
graças a ...	dankzij ...	[dank'zɛj]

que (pron.)	wat	[wat]
que (conj.)	dat	[dat]
algo	iets	[its]
alguma coisa	iets	[its]
nada	niets	[nits]

quem	wie	[wi]
alguém	iemand	['imant]
(~ teve uma ideia ...)		
alguém	iemand	['imant]

| ninguém | niemand | ['nimant] |
| para lugar nenhum | nergens | ['nɛrxəns] |

| de ninguém | niemands | ['nimants] |
| de alguém | iemands | ['imants] |

tão	zo	[zɔ]
também (gostaria ~ de ...)	ook	[ōk]
também (~ eu)	alsook	[al'sōk]

6. Palavras funcionais. Advérbios. Parte 2

Porquê?	Waarom?	[wār'ɔm]
por alguma razão	om een bepaalde reden	[ɔm en be'pālde 'redən]
porque ...	omdat ...	[ɔm'dat]
por qualquer razão	voor een bepaald doel	[vōr en be'pālt dul]

e (tu ~ eu)	en	[en]
ou (ser ~ não ser)	of	[ɔf]
mas (porém)	maar	[mār]
para (~ a minha mãe)	voor	[vōr]

demasiado, muito	te	[te]
só, somente	alleen	[a'lēn]
exatamente	precies	[prə'sis]
cerca de (~ 10 kg)	ongeveer	[ɔnxə'vēr]

aproximadamente	ongeveer	[ɔnxə'vēr]
aproximado	bij benadering	[bɛj bə'nadəriŋ]
quase	bijna	['bɛjna]
resto (m)	rest (de)	[rɛst]

o outro (segundo)	de andere	[də 'andərə]
outro	ander	['andər]
cada	elk	[ɛlk]
qualquer	om het even welk	[ɔm ət ɛvən wɛlk]
muito	veel	[vēl]
muitas pessoas	veel mensen	[vēl 'mɛnsən]
todos	iedereen	[idə'rēn]

em troca de ...	in ruil voor ...	[in 'rœyl vōr]
em troca	in ruil	[in 'rœyl]
à mão	met de hand	[mɛt də 'hant]
pouco provável	onwaarschijnlijk	[ɔnwār'sxɛjnlək]

provavelmente	waarschijnlijk	[wār'sxɛjnlək]
de propósito	met opzet	[mɛt 'ɔpzət]
por acidente	toevallig	[tu'valəx]

muito	zeer	[zēr]
por exemplo	bijvoorbeeld	[bɛj'vōrbēlt]
entre	tussen	['tʉsən]
entre (no meio de)	tussen	['tʉsən]

| tanto | **zoveel** | [zɔ'vēl] |
| especialmente | **vooral** | [võ'ral] |

NÚMEROS. DIVERSOS

T&P Books Publishing

zero	nul	[nʉl]
um	een	[en]
dois	twee	[twē]
três	drie	[dri]
quatro	vier	[vir]

cinco	vijf	[vɛjf]
seis	zes	[zɛs]
sete	zeven	['zevən]
oito	acht	[axt]
nove	negen	['nexən]

dez	tien	[tin]
onze	elf	[ɛlf]
doze	twaalf	[twālf]
treze	dertien	['dɛrtin]
catorze	veertien	['vērtin]

quinze	vijftien	['vɛjftin]
dezasseis	zestien	['zɛstin]
dezassete	zeventien	['zevəntin]
dezoito	achttien	['axtin]
dezanove	negentien	['nexəntin]

vinte	twintig	['twintəx]
vinte e um	eenentwintig	['ēnən·'twintəx]
vinte e dois	tweeëntwintig	['twēēn·'twintəx]
vinte e três	drieëntwintig	['driɛn·'twintəx]

trinta	dertig	['dɛrtəx]
trinta e um	eenendertig	['ēnən·'dɛrtəx]
trinta e dois	tweeëndertig	['twēēn·'dɛrtəx]
trinta e três	drieëndertig	['driɛn·'dɛrtəx]

quarenta	veertig	['vērtəx]
quarenta e um	eenenveertig	['ēnən·'vertəx]
quarenta e dois	tweeënveertig	['twēēn·'vertəx]
quarenta e três	drieënveertig	['driɛn·'vērtəx]

cinquenta	vijftig	['vɛjftəx]
cinquenta e um	eenenvijftig	['ēnən·'vɛjftəx]
cinquenta e dois	tweeënvijftig	['twēēn·'vɛjftəx]
cinquenta e três	drieënvijftig	['driɛn·'vɛjftəx]
sessenta	zestig	['zɛstəx]

sessenta e um	eenenzestig	['ēnən·'zɛstəx]
sessenta e dois	tweeënzestig	['twēɛn·'zɛstəx]
sessenta e três	drieënzestig	['driɛn·'zɛstəx]
setenta	zeventig	['zevəntəx]
setenta e um	eenenzeventig	['ēnən·'zevəntəx]
setenta e dois	tweeënzeventig	['twēɛn·'zevəntəx]
setenta e três	drieënzeventig	['driɛn·'zevəntəx]
oitenta	tachtig	['tahtəx]
oitenta e um	eenentachtig	['ēnən·'tahtəx]
oitenta e dois	tweeëntachtig	['twēɛn·'tahtəx]
oitenta e três	drieëntachtig	['driɛn·'taxtəx]
noventa	negentig	['nexəntəx]
noventa e um	eenennegentig	['ēnən·'nexəntəx]
noventa e dois	tweeënnegentig	['twēɛn·'nexəntəx]
noventa e três	drieënnegentig	['driɛn·'nexəntəx]

8. Números cardinais. Parte 2

cem	honderd	['hɔndərt]
duzentos	tweehonderd	[twē·'hɔndərt]
trezentos	driehonderd	[dri·'hɔndərt]
quatrocentos	vierhonderd	[vir·'hɔndərt]
quinhentos	vijfhonderd	[vɛjf·'hɔndərt]
seiscentos	zeshonderd	[zɛs·'hɔndərt]
setecentos	zevenhonderd	['zevən·'hɔndərt]
oitocentos	achthonderd	[axt·'hɔndərt]
novecentos	negenhonderd	['nexən·'hɔndərt]
mil	duizend	['dœyzənt]
dois mil	tweeduizend	[twē·'dœyzənt]
três mil	drieduizend	[dri·'dœyzənt]
dez mil	tienduizend	[tin·'dœyzənt]
cem mil	honderdduizend	['hɔndərt·'dœyzənt]
um milhão	miljoen (het)	[mi'ljun]
mil milhões	miljard (het)	[mi'ljart]

9. Números ordinais

primeiro	eerste	['ērstə]
segundo	tweede	['twēdə]
terceiro	derde	['dɛrdə]
quarto	vierde	['virdə]
quinto	vijfde	['vɛjfdə]
sexto	zesde	['zɛsdə]

sétimo	**zevende**	['zevəndə]
oitavo	**achtste**	['axtstə]
nono	**negende**	['nexəndə]
décimo	**tiende**	['tində]

T&P BOOKS

CORES.
UNIDADES DE MEDIDA

T&P Books Publishing

10. Cores

cor (f)	**kleur (de)**	['klør]
matiz (m)	**tint (de)**	[tint]
tom (m)	**kleurnuance (de)**	['klør·nʉ'waŋsə]
arco-íris (m)	**regenboog (de)**	['rexən·bõx]
branco	**wit**	[wit]
preto	**zwart**	[zwart]
cinzento	**grijs**	[xrɛjs]
verde	**groen**	[xrun]
amarelo	**geel**	[xēl]
vermelho	**rood**	[rõt]
azul	**blauw**	['blau]
azul claro	**lichtblauw**	['lixt·blau]
rosa	**roze**	['rɔzə]
laranja	**oranje**	[ɔ'ranjə]
violeta	**violet**	[viɔ'lɛt]
castanho	**bruin**	['brœʏn]
dourado	**goud**	['xaut]
prateado	**zilverkleurig**	['zilvər·'klørəx]
bege	**beige**	['bɛːʒ]
creme	**roomkleurig**	['rõm·'klørix]
turquesa	**turkoois**	[tʉrk'was]
vermelho cereja	**kersrood**	['kɛrs·rõt]
lilás	**lila**	['lila]
carmesim	**karmijnrood**	['karmɛjn·'rõt]
claro	**licht**	[lixt]
escuro	**donker**	['dɔnkər]
vivo	**fel**	[fel]
de cor	**kleur-, kleurig**	['klør], ['klørəx]
a cores	**kleuren-**	['klørən]
preto e branco	**zwart-wit**	[zwart-wit]
unicolor	**eenkleurig**	[ēn'klørəx]
multicor	**veelkleurig**	[vēl'klørəx]

11. Unidades de medida

peso (m)	**gewicht (het)**	[xə'wixt]
comprimento (m)	**lengte (de)**	['lɛŋtə]

largura (f)	breedte (de)	['brētə]
altura (f)	hoogte (de)	['hōxtə]
profundidade (f)	diepte (de)	['diptə]
volume (m)	volume (het)	[vɔ'lʉmə]
área (f)	oppervlakte (de)	['ɔpərvlaktə]

grama (m)	gram (het)	[xram]
miligrama (m)	milligram (het)	['milixram]
quilograma (m)	kilogram (het)	[kilɔxram]
tonelada (f)	ton (de)	[tɔn]
libra (453,6 gramas)	pond (het)	[pɔnt]
onça (f)	ons (het)	[ɔns]

metro (m)	meter (de)	['metər]
milímetro (m)	millimeter (de)	['milimetər]
centímetro (m)	centimeter (de)	['sɛnti'metər]
quilómetro (m)	kilometer (de)	[kilometər]
milha (f)	mijl (de)	[mɛjl]

polegada (f)	duim (de)	['dœʏm]
pé (304,74 mm)	voet (de)	[vut]
jarda (914,383 mm)	yard (de)	[jart]

metro (m) quadrado	vierkante meter (de)	['virkantə 'metər]
hectare (m)	hectare (de)	[hɛk'tarə]
litro (m)	liter (de)	['litər]
grau (m)	graad (de)	[xrāt]
volt (m)	volt (de)	[vɔlt]
ampere (m)	ampère (de)	[am'pɛrə]
cavalo-vapor (m)	paardenkracht (de)	['pārdən·kraxt]

quantidade (f)	hoeveelheid (de)	[hu'vēlhɛjt]
um pouco de ...	een beetje ...	[en 'bētʃə]
metade (f)	helft (de)	[hɛlft]
dúzia (f)	dozijn (het)	[do'zɛjn]
peça (f)	stuk (het)	[stʉk]

| dimensão (f) | afmeting (de) | ['afmetiŋ] |
| escala (f) | schaal (de) | [sxāl] |

mínimo	minimaal	[mini'māl]
menor, mais pequeno	minste	['minstə]
médio	medium	['medijum]
máximo	maximaal	[maksi'māl]
maior, mais grande	grootste	['xrōtstə]

12. Recipientes

| boião (m) de vidro | glazen pot (de) | ['xlazən pɔt] |
| lata (~ de cerveja) | blik (het) | [blik] |

balde (m)	emmer (de)	['ɛmər]
barril (m)	ton (de)	[tɔn]
bacia (~ de plástico)	ronde waterbak (de)	['watər·bak]
tanque (m)	tank (de)	[tank]
cantil (m) de bolso	heupfles (de)	['høp·flɛs]
bidão (m) de gasolina	jerrycan (de)	['dʒɛrikən]
cisterna (f)	tank (de)	[tank]
caneca (f)	beker (de)	['bekər]
chávena (f)	kopje (het)	['kɔpjə]
pires (m)	schoteltje (het)	['sxɔteltʃə]
copo (m)	glas (het)	[xlas]
taça (m) de vinho	wijnglas (het)	['wɛjn·xlas]
panela (f)	pan (de)	[pan]
garrafa (f)	fles (de)	[fles]
gargalo (m)	flessenhals (de)	['flesən·hals]
jarro, garrafa (f)	karaf (de)	[ka'raf]
jarro (m) de barro	kruik (de)	['krœɣk]
recipiente (m)	vat (het)	[vat]
pote (m)	pot (de)	[pɔt]
vaso (m)	vaas (de)	[vãs]
frasco (~ de perfume)	flacon (de)	[fla'kɔn]
frasquinho (ex. ~ de iodo)	flesje (het)	['fleɕə]
tubo (~ de pasta dentífrica)	tube (de)	['tʉbə]
saca (ex. ~ de açúcar)	zak (de)	[zak]
saco (~ de plástico)	tasje (het)	['taɕə]
maço (m)	pakje (het)	['pakjə]
caixa (~ de sapatos, etc.)	doos (de)	[dõs]
caixa (~ de madeira)	kist (de)	[kist]
cesta (f)	mand (de)	[mant]

T&P BOOKS

VERBOS PRINCIPAIS

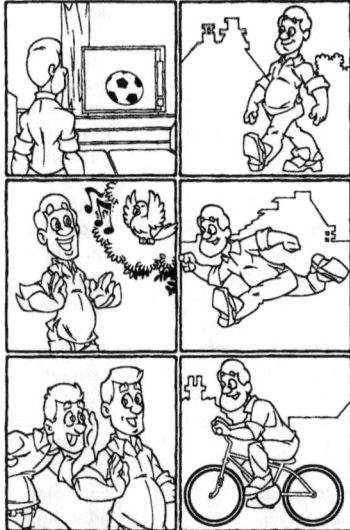

T&P Books Publishing

abrir (vt)	openen	['ɔpənən]
acabar, terminar (vt)	beëindigen	[bə'ɛjndəxən]
aconselhar (vt)	adviseren	[atvi'zirən]
adivinhar (vt)	goed raden	[xut 'radən]
advertir (vt)	waarschuwen	['wārsxjuvən]
ajudar (vt)	helpen	['hɛlpən]
almoçar (vi)	lunchen	['lʉnʃən]
alugar (~ um apartamento)	huren	['hʉrən]
amar (vt)	liefhebben	['lifhɛbən]
ameaçar (vt)	bedreigen	[bə'drɛjxən]
anotar (escrever)	opschrijven	['ɔpsxrɛjvən]
apanhar (vt)	vangen	['vaŋən]
arrepender-se (vp)	betreuren	[bə'trørən]
assinar (vt)	ondertekenen	['ɔndər'tekənən]
atirar, disparar (vi)	schieten	['sxitən]
banhar-se (vp)	gaan zwemmen	[xān 'zwɛmən]
brincar (vi)	grappen maken	['xrapən 'makən]
brincar, jogar (crianças)	spelen	['spelən]
buscar (vt)	zoeken	['zukən]
caçar (vi)	jagen	['jaxən]
cair (vi)	vallen	['valən]
cavar (vt)	graven	['xravən]
cessar (vt)	ophouden	['ɔphaudən]
chamar (~ por socorro)	roepen	['rupən]
chegar (vi)	aankomen	['ānkɔmən]
chorar (vi)	huilen	['hœʏlən]
começar (vt)	beginnen	[bə'xinən]
comparar (vt)	vergelijken	[vɛrxə'lɛjkən]
compreender (vt)	begrijpen	[bə'xrɛjpən]
confiar (vt)	vertrouwen	[vər'trauwən]
confundir (equivocar-se)	verwarren	[vər'warən]
conhecer (vt)	kennen	['kɛnən]
contar (fazer contas)	tellen	['tɛlən]
contar com (esperar)	rekenen op ...	['rekənən ɔp]
continuar (vt)	vervolgen	[vər'vɔlxən]
controlar (vt)	controleren	[kɔntrɔ'lerən]
convidar (vt)	uitnodigen	['œʏtnɔdixən]

correr (vi)	rennen	['renən]
criar (vt)	creëren	[kre'jerən]
custar (vt)	kosten	['kɔstən]

14. Os verbos mais importantes. Parte 2

dar (vt)	geven	['xevən]
dar uma dica	een hint geven	[en hint 'xevən]
decorar (enfeitar)	versieren	[vər'sirən]
defender (vt)	verdedigen	[vər'dedixən]
deixar cair (vt)	laten vallen	['latən 'valən]

descer (para baixo)	afdalen	['afdalən]
desculpar (vt)	excuseren	[ɛkskʉ'zerən]
desculpar-se (vp)	zich verontschuldigen	[zih vərɔnt'sxʉldəxən]
dirigir (~ uma empresa)	beheren	[bə'herən]
discutir (notícias, etc.)	bespreken	[bə'sprekən]

dizer (vt)	zeggen	['zɛxən]
duvidar (vt)	twijfelen	['twɛjfelən]
encontrar (achar)	vinden	['vindən]
enganar (vt)	bedriegen	[bə'drixən]
entrar (na sala, etc.)	binnengaan	['binənxān]

enviar (uma carta)	sturen	['stʉrən]
errar (equivocar-se)	zich vergissen	[zih vər'xisən]
escolher (vt)	kiezen	['kizən]
esconder (vt)	verbergen	[vər'bɛrxən]
escrever (vt)	schrijven	['sxrɛjvən]
esperar (o autocarro, etc.)	wachten	['waxtən]

esperar (ter esperança)	hopen	['hɔpən]
esquecer (vi, vt)	vergeten	[vər'xetən]
estar com pressa	zich haasten	[zix 'hāstən]
estar de acordo	instemmen	['instɛmən]

estudar (vt)	studeren	[stʉ'derən]
exigir (vt)	eisen	['ɛjsən]
existir (vi)	existeren	[ɛksis'tɛrən]
explicar (vt)	verklaren	[vər'klarən]

| falar (vi) | spreken | ['sprekən] |
| faltar (clases, etc.) | verzuimen | [vər'zœymən] |

fazer (vt)	doen	[dun]
ficar em silêncio	zwijgen	['zwɛjxən]
gabar-se, jactar-se (vp)	opscheppen	['ɔpsxepən]
gostar (apreciar)	bevallen	[bə'valən]
gritar (vi)	schreeuwen	['sxrēwən]
guardar (cartas, etc.)	bewaren	[bə'warən]

15. Os verbos mais importantes. Parte 3

informar (vt)	informeren	[infɔr'merən]
insistir (vi)	aandringen	['āndriŋən]
insultar (vt)	beledigen	[bə'ledəxən]
interessar-se (vp)	zich interesseren voor ...	[zix interə'serən vōr]
ir (a pé)	gaan	[xān]
jantar (vi)	souperen	[su'perən]
ler (vt)	lezen	['lezən]
libertar (cidade, etc.)	bevrijden	[bə'vrɛjdən]
matar (vt)	doden	['dɔdən]
mencionar (vt)	vermelden	[vər'mɛldən]
mostrar (vt)	tonen	['tɔnən]
mudar (modificar)	veranderen	[və'randərən]
nadar (vi)	zwemmen	['zwɛmən]
negar-se (vt)	weigeren	['wɛjxərən]
objetar (vt)	weerspreken	[wēr'sprekən]
observar (vt)	waarnemen	['wārnemən]
ordenar (mil.)	bevelen	[bə'velən]
ouvir (vt)	horen	['hɔrən]
pagar (vt)	betalen	[bə'talən]
parar (vi)	stoppen	['stɔpən]
participar (vi)	deelnemen	['dēlnemən]
pedir (comida)	bestellen	[bə'stɛlən]
pedir (um favor, etc.)	verzoeken	[vər'zukən]
pegar (tomar)	nemen	['nemən]
pensar (vt)	denken	['dɛnkən]
perceber (ver)	opmerken	['ɔpmɛrkən]
perdoar (vt)	vergeven	[vər'xevən]
perguntar (vt)	vragen	['vraxən]
permitir (vt)	toestaan	['tustān]
pertencer (vt)	toebehoren aan ...	['tubəhɔrən ān]
planear (vt)	plannen	['planən]
poder (v aux)	kunnen	['kʉnən]
possuir (vt)	bezitten	[bə'zitən]
preferir (vt)	prefereren	[prəfe'rerən]
preparar (vt)	bereiden	[bə'rɛjdən]
prever (vt)	voorzien	[vōr'zin]
prometer (vt)	beloven	[bə'lɔvən]
pronunciar (vt)	uitspreken	['œʏtsprekən]
propor (vt)	voorstellen	['vōrstɛlən]
punir, castigar (vt)	bestraffen	[bə'strafən]
quebrar (vt)	breken	['brekən]

| queixar-se (vp) | klagen | ['klaxən] |
| querer (desejar) | willen | ['wilən] |

16. Os verbos mais importantes. Parte 4

recomendar (vt)	aanbevelen	['āmbəvelən]
repetir (dizer outra vez)	herhalen	[hɛr'halən]
repreender (vt)	uitvaren tegen	['œʏtvarən 'texən]
reservar (~ um quarto)	reserveren	[rezɛr'verən]
responder (vt)	antwoorden	['antwōrdən]

rezar, orar (vi)	bidden	['bidən]
rir-se (vi)	lachen	['laxən]
roubar (vt)	stelen	['stelən]
saber (vt)	weten	['wetən]
sair (~ de casa)	uitgaan	['œʏtxān]
salvar (vt)	redden	['rɛdən]

seguir ...	volgen	['vɔlxən]
sentar-se (vp)	gaan zitten	[xān 'zitən]
ser necessário	nodig zijn	['nɔdəx zɛjn]
ser, estar	zijn	[zɛjn]

significar (vt)	betekenen	[bə'tekənən]
sorrir (vi)	glimlachen	['xlimlahən]
subestimar (vt)	onderschatten	['ɔndər'sxatən]
surpreender-se (vp)	verbaasd zijn	[vər'bāst zɛjn]
tentar (vt)	proberen	[prɔ'berən]

ter (vt)	hebben	['hɛbən]
ter fome	honger hebben	['hɔŋər 'hɛbən]
ter medo	bang zijn	['baŋ zɛjn]

ter sede	dorst hebben	[dɔrst 'hɛbən]
tocar (com as mãos)	aanraken	['ānrakən]
tomar o pequeno-almoço	ontbijten	[ɔn'bɛjtən]
trabalhar (vi)	werken	['wɛrkən]
traduzir (vt)	vertalen	[vər'talən]

unir (vt)	verenigen	[və'rɛnixən]
vender (vt)	verkopen	[vɛr'kɔpən]
ver (vt)	zien	[zin]
virar (ex. ~ à direita)	afslaan	['afslān]
voar (vi)	vliegen	['vlixən]

TEMPO. CALENDÁRIO

T&P Books Publishing

segunda-feira (f)	maandag (de)	['mãndax]
terça-feira (f)	dinsdag (de)	['dinsdax]
quarta-feira (f)	woensdag (de)	['wunsdax]
quinta-feira (f)	donderdag (de)	['dɔndərdax]
sexta-feira (f)	vrijdag (de)	['vrɛjdax]
sábado (m)	zaterdag (de)	['zatərdax]
domingo (m)	zondag (de)	['zɔndax]

hoje	vandaag	[van'dāx]
amanhã	morgen	['mɔrxən]
depois de amanhã	overmorgen	[ɔvər'mɔrxən]
ontem	gisteren	['xistərən]
anteontem	eergisteren	[ēr'xistərən]

dia (m)	dag (de)	[dax]
dia (m) de trabalho	werkdag (de)	['wɛrk·dax]
feriado (m)	feestdag (de)	['fēst·dax]
dia (m) de folga	verlofdag (de)	[vər'lɔfdax]
fim (m) de semana	weekend (het)	['wikənt]

o dia todo	de hele dag	[də 'helə dah]
no dia seguinte	de volgende dag	[də 'vɔlxəndə dax]
há dois dias	twee dagen geleden	[twē 'daxən xə'ledən]
na véspera	aan de vooravond	[ān də vō'ravɔnt]
diário	dag-, dagelijks	[dax], ['daxələks]
todos os dias	elke dag	['ɛlkə dax]

semana (f)	week (de)	[wēk]
na semana passada	vorige week	['vɔrixə wēk]
na próxima semana	volgende week	['vɔlxəndə wēk]
semanal	wekelijks	['wekələks]
cada semana	elke week	['ɛlkə wēk]
duas vezes por semana	twee keer per week	[twē ker pər vēk]
cada terça-feira	elke dinsdag	['ɛlkə 'dinsdax]

manhã (f)	morgen (de)	['mɔrxən]
de manhã	's morgens	[s 'mɔrxəns]
meio-dia (m)	middag (de)	['midax]
à tarde	's middags	[s 'midax]
noite (f)	avond (de)	['avɔnt]

à noite (noitinha)	's avonds	[s 'avɔnts]
noite (f)	nacht (de)	[naxt]
à noite	's nachts	[s naxts]
meia-noite (f)	middernacht (de)	['midər·naxt]
segundo (m)	seconde (de)	[se'kɔndə]
minuto (m)	minuut (de)	[mi'nūt]
hora (f)	uur (het)	[ūr]
meia hora (f)	halfuur (het)	[half 'ūr]
quarto (m) de hora	kwartier (het)	['kwar'tir]
quinze minutos	vijftien minuten	['vɛjftin mi'nʉtən]
vinte e quatro horas	etmaal (het)	['ɛtmāl]
nascer (m) do sol	zonsopgang (de)	[zɔns'ɔpxaŋ]
amanhecer (m)	dageraad (de)	['daxərāt]
madrugada (f)	vroege morgen (de)	['vruxə 'mɔrxən]
pôr do sol (m)	zonsondergang (de)	[zɔns'ɔndərxaŋ]
de madrugada	's morgens vroeg	[s 'mɔrxəns vrux]
hoje de manhã	vanmorgen	[van'mɔrxən]
amanhã de manhã	morgenochtend	['mɔrxən·'ɔhtənt]
hoje à tarde	vanmiddag	[van'midax]
à tarde	's middags	[s 'midax]
amanhã à tarde	morgenmiddag	['mɔrxən·'midax]
hoje à noite	vanavond	[va'navɔnt]
amanhã à noite	morgenavond	['mɔrxən·'avɔnt]
às três horas em ponto	klokslag drie uur	['klɔkslax dri ūr]
por volta das quatro	ongeveer vier uur	[ɔnxə'vēr vir ūr]
às doze	tegen twaalf uur	['texən twālf ūr]
dentro de vinte minutos	over twintig minuten	['ɔvər 'twintix mi'nʉtən]
dentro duma hora	over een uur	['ɔvər en ūr]
a tempo	op tijd	[ɔp tɛjt]
menos um quarto	kwart voor ...	['kwart vōr]
durante uma hora	binnen een uur	['binən en ūr]
a cada quinze minutos	elk kwartier	['ɛlk kwar'tir]
as vinte e quatro horas	de klok rond	[də klɔk rɔnt]

19. Meses. Estações

janeiro (m)	januari (de)	[janʉ'ari]
fevereiro (m)	februari (de)	[febrʉ'ari]
março (m)	maart (de)	[mārt]
abril (m)	april (de)	[ap'ril]
maio (m)	mei (de)	[mɛj]
junho (m)	juni (de)	['juni]

julho (m)	juli (de)	['juli]
agosto (m)	augustus (de)	[au'xʉstʉs]
setembro (m)	september (de)	[sɛp'tɛmbər]
outubro (m)	oktober (de)	[ɔk'tɔbər]
novembro (m)	november (de)	[nɔ'vɛmbər]
dezembro (m)	december (de)	[de'sɛmbər]

primavera (f)	lente (de)	['lɛntə]
na primavera	in de lente	[in də 'lɛntə]
primaveril	lente-	['lɛntə]

verão (m)	zomer (de)	['zɔmər]
no verão	in de zomer	[in də 'zɔmər]
de verão	zomer-, zomers	['zɔmər], ['zɔmərs]

outono (m)	herfst (de)	[hɛrfst]
no outono	in de herfst	[in də hɛrfst]
outonal	herfst-	[hɛrfst]

inverno (m)	winter (de)	['wintər]
no inverno	in de winter	[in də 'wintər]
de inverno	winter-	['wintər]

mês (m)	maand (de)	[mānt]
este mês	deze maand	['dezə mānt]
no próximo mês	volgende maand	['vɔlxəndə mānt]
no mês passado	vorige maand	['vɔrixə mānt]

há um mês	een maand geleden	[en mānt xə'ledən]
dentro de um mês	over een maand	['ɔvər en mānt]
dentro de dois meses	over twee maanden	['ɔvər twē 'māndən]
todo o mês	de hele maand	[də 'helə mānt]
um mês inteiro	een volle maand	[en 'vɔlə mānt]

mensal	maand-, maandelijks	[mānt], ['māndələks]
mensalmente	maandelijks	['māndələks]
cada mês	elke maand	['ɛlkə mānt]
duas vezes por mês	twee keer per maand	[twē ker per mānt]

ano (m)	jaar (het)	[jār]
este ano	dit jaar	[dit jār]
no próximo ano	volgend jaar	['vɔlxənt jār]
no ano passado	vorig jaar	['vɔrəx jār]

há um ano	een jaar geleden	[en jār xə'ledən]
dentro dum ano	over een jaar	['ɔvər en jār]
dentro de 2 anos	over twee jaar	['ɔvər twē jār]
todo o ano	het hele jaar	[ət 'helə jār]
um ano inteiro	een vol jaar	[en vɔl jār]

| cada ano | elk jaar | [ɛlk jār] |
| anual | jaar-, jaarlijks | [jār], ['jārləks] |

| anualmente | jaarlijks | ['jārləks] |
| quatro vezes por ano | 4 keer per jaar | [vir kēr per 'jār] |

data (~ de hoje)	datum (de)	['datʉm]
data (ex. ~ de nascimento)	datum (de)	['datʉm]
calendário (m)	kalender (de)	[ka'lɛndər]

meio ano	een half jaar	[en half jār]
seis meses	zes maanden	[zɛs 'māndən]
estação (f)	seizoen (het)	[sɛj'zun]
século (m)	eeuw (de)	[ēw]

VIAGENS. HOTEL

T&P Books Publishing

20. Viagens

turismo (m)	toerisme (het)	[tu'rismə]
turista (m)	toerist (de)	[tu'rist]
viagem (f)	reis (de)	[rɛjs]
aventura (f)	avontuur (het)	[avɔn'tūr]
viagem (f)	tocht (de)	[tɔxt]
férias (f pl)	vakantie (de)	[va'kantsi]
estar de férias	met vakantie zijn	[mɛt va'kantsi zɛjn]
descanso (m)	rust (de)	[rʉst]
comboio (m)	trein (de)	[trɛjn]
de comboio (chegar ~)	met de trein	[mɛt də trɛjn]
avião (m)	vliegtuig (het)	['vlixtœɣx]
de avião	met het vliegtuig	[mɛt ət 'vlixtœɣx]
de carro	met de auto	[mɛt də 'autɔ]
de navio	per schip	[pər sxip]
bagagem (f)	bagage (de)	[ba'xaʒə]
mala (f)	valies (de)	[va'lis]
carrinho (m)	bagagekarretje (het)	[ba'xaʒə·'karɛtʃə]
passaporte (m)	paspoort (het)	['paspõrt]
visto (m)	visum (het)	['vizʉm]
bilhete (m)	kaartje (het)	['kārtʃə]
bilhete (m) de avião	vliegticket (het)	['vlix·'tikət]
guia (m) de viagem	reisgids (de)	['rɛjs·xids]
mapa (m)	kaart (de)	[kārt]
local (m), area (f)	gebied (het)	[xə'bit]
lugar, sítio (m)	plaats (de)	[plāts]
exotismo (m)	exotische bestemming (de)	[ɛ'ksɔtise bɛ'stemin]
exótico	exotisch	[ɛk'sɔtis]
surpreendente	verwonderlijk	[vər'wɔndərlək]
grupo (m)	groep (de)	[xrup]
excursão (f)	rondleiding (de)	['rɔntlɛjdin]
guia (m)	gids (de)	[xits]

21. Hotel

hotel (m)	hotel (het)	[ho'tɛl]
motel (m)	motel (het)	[mɔ'tɛl]

três estrelas	3-sterren	[dri-'stɛrən]
cinco estrelas	5-sterren	[vɛjf-'stɛrən]
ficar (~ num hotel)	overnachten	[ɔvər'naxtən]

quarto (m)	kamer (de)	['kamər]
quarto (m) individual	eenpersoonskamer (de)	[ēnpɛr'sōns·'kamər]
quarto (m) duplo	tweepersoonskamer (de)	[twē·pɛr'sōns·'kamər]
reservar um quarto	een kamer reserveren	[en 'kamər rezər'verən]

| meia pensão (f) | halfpension (het) | [half·pɛn'ʃɔn] |
| pensão (f) completa | volpension (het) | ['vɔl·pɛn'ʃɔn] |

com banheira	met badkamer	[mɛt 'batkamər]
com duche	met douche	[mɛt 'duʃ]
televisão (m) satélite	satelliet-tv (de)	[satə'lit-te've]
ar (m) condicionado	airconditioner (de)	[ɛr·kɔn'diʃənər]
toalha (f)	handdoek (de)	['handuk]
chave (f)	sleutel (de)	['sløtəl]

administrador (m)	administrateur (de)	[atministra'tør]
camareira (f)	kamermeisje (het)	['kamər·'mɛjɕə]
bagageiro (m)	piccolo (de)	['pikɔlɔ]
porteiro (m)	portier (de)	[pɔ'rtῑr]

restaurante (m)	restaurant (het)	[rɛstɔ'rant]
bar (m)	bar (de)	[bar]
pequeno-almoço (m)	ontbijt (het)	[ɔn'bɛjt]
jantar (m)	avondeten (het)	['avɔntetən]
buffet (m)	buffet (het)	[bʉ'fɛt]

| hall (m) de entrada | hal (de) | [hal] |
| elevador (m) | lift (de) | [lift] |

| NÃO PERTURBE | NIET STOREN | [nit 'stɔrən] |
| PROIBIDO FUMAR! | VERBODEN TE ROKEN! | [vər'bɔdən tə 'rɔkən] |

22. Turismo

monumento (m)	monument (het)	[mɔnʉ'mɛnt]
fortaleza (f)	vesting (de)	['vɛstiŋ]
palácio (m)	paleis (het)	[pa'lɛjs]
castelo (m)	kasteel (het)	[kas'tēl]
torre (f)	toren (de)	['tɔrən]
mausoléu (m)	mausoleum (het)	[mauzɔ'leum]

arquitetura (f)	architectuur (de)	[arʃitək'tῡr]
medieval	middeleeuws	['midəlēws]
antigo	oud	['aut]
nacional	nationaal	[natsjɔ'nāl]
conhecido	bekend	[bə'kɛnt]

turista (m)	toerist (de)	[tu'rist]
guia (pessoa)	gids (de)	[xits]
excursão (f)	rondleiding (de)	['rɔntlɛjdiŋ]
mostrar (vt)	tonen	['tɔnən]
contar (vt)	vertellen	[vər'tɛlən]

encontrar (vt)	vinden	['vindən]
perder-se (vp)	verdwalen	[vərd'walən]
mapa (~ do metrô)	plattegrond (de)	['platə·xrɔnt]
mapa (~ da cidade)	plattegrond (de)	['platə·xrɔnt]

lembrança (f), presente (m)	souvenir (het)	[suve'nir]
loja (f) de presentes	souvenirwinkel (de)	[suve'nir·'winkəl]
fotografar (vt)	foto's maken	['fɔtɔs 'makən]
fotografar-se	zich laten fotograferen	[zih 'latən fɔtɔxra'ferən]

T&P BOOKS

TRANSPORTES

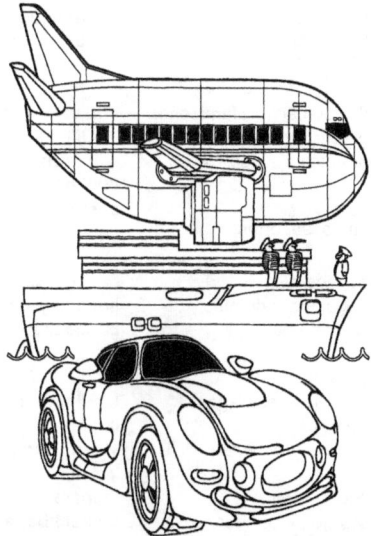

T&P Books Publishing

aeroporto (m)	luchthaven (de)	['lʉxthavən]
avião (m)	vliegtuig (het)	['vlixtœɣx]
companhia (f) aérea	luchtvaart-maatschappij (de)	['lʉxtvārt mātsxa'pɛj]
controlador (m) de tráfego aéreo	luchtverkeersleider (de)	['lʉxt·verkērs·'lɛjdər]

partida (f)	vertrek (het)	[vər'trɛk]
chegada (f)	aankomst (de)	['ānkɔmst]
chegar (~ de avião)	aankomen	['ānkɔmən]

hora (f) de partida	vertrektijd (de)	[vər'trɛk·tɛjt]
hora (f) de chegada	aankomstuur (het)	['ānkɔmst·'ūr]

estar atrasado	vertraagd zijn	[vər'trāxt zɛjn]
atraso (m) de voo	vluchtvertraging (de)	['vlʉxt·vərt'raxiŋ]

painel (m) de informação	informatiebord (het)	[infɔr'matsi·bɔrt]
informação (f)	informatie (de)	[infɔr'matsi]
anunciar (vt)	aankondigen	['ānkɔndəxən]
voo (m)	vlucht (de)	[vlʉxt]

alfândega (f)	douane (de)	[du'anə]
funcionário (m) da alfândega	douanier (de)	[dua'njē]

declaração (f) alfandegária	douaneaangifte (de)	[du'anə·'ānxiftə]
preencher (vt)	invullen	['invʉlən]
preencher a declaração	een douaneaangifte invullen	[en du'anə·'ānxiftə 'invʉlən]
controlo (m) de passaportes	paspoortcontrole (de)	['paspōrt·kɔn'trɔlə]

bagagem (f)	bagage (de)	[ba'xaʒə]
bagagem (f) de mão	handbagage (de)	[hant·ba'xaʒə]
carrinho (m)	bagagekarretje (het)	[ba'xaʒə·'karɛtʃə]

aterragem (f)	landing (de)	['landiŋ]
pista (f) de aterragem	landingsbaan (de)	['landiŋs·bān]
aterrar (vi)	landen	['landən]
escada (f) de avião	vliegtuigtrap (de)	['vlixtœɣx·trap]

check-in (m)	inchecken (het)	['intʃɛkən]
balcão (m) do check-in	incheckbalie (de)	['intʃɛk·'bali]

fazer o check-in	inchecken	['intʃɛkən]
cartão (m) de embarque	instapkaart (de)	['instap·kārt]
porta (f) de embarque	gate (de)	[gejt]

trânsito (m)	transit (de)	['transit]
esperar (vi, vt)	wachten	['waxtən]
sala (f) de espera	wachtzaal (de)	['waxt·zāl]
despedir-se de ...	begeleiden	[bəxə'lɛjdən]
dizer adeus	afscheid nemen	['afsxɛjt 'nemən]

24. Avião

avião (m)	vliegtuig (het)	['vlixtœʏx]
bilhete (m) de avião	vliegticket (het)	['vlix·'tikət]
companhia (f) aérea	luchtvaart-maatschappij (de)	['lʉxtvārt mātsxa'pɛj]
aeroporto (m)	luchthaven (de)	['lʉxthavən]
supersónico	supersonisch	[sʉpər'sɔnis]

comandante (m) do avião	gezagvoerder (de)	[xəzax·'vurdər]
tripulação (f)	bemanning (de)	[bə'maniŋ]
piloto (m)	piloot (de)	[pi'lōt]
hospedeira (f) de bordo	stewardess (de)	[stʉwər'dɛs]
copiloto (m)	stuurman (de)	['stūrman]

asas (f pl)	vleugels	['vløxəls]
cauda (f)	staart (de)	[stārt]
cabine (f) de pilotagem	cabine (de)	[ka'binə]
motor (m)	motor (de)	['mɔtɔr]
trem (m) de aterragem	landingsgestel (het)	['landiŋs·xə'stɛl]
turbina (f)	turbine (de)	[tʉr'binə]

hélice (f)	propeller (de)	[prɔ'pelər]
caixa (f) negra	zwarte doos (de)	['zwartə dōs]
coluna (f) de controle	stuur (het)	[stūr]
combustível (m)	brandstof (de)	['brandstɔf]

instruções (f pl) de segurança	veiligheidskaart (de)	['vɛjləxhɛjts·kārt]
máscara (f) de oxigénio	zuurstofmasker (het)	['zūrstɔf·'maskər]
uniforme (m)	uniform (het)	['junifɔrm]
colete (m) salva-vidas	reddingsvest (de)	['rɛdiŋs·vɛst]
paraquedas (m)	parachute (de)	[para'ʃʉtə]

descolagem (f)	opstijgen (het)	['ɔpstɛjxən]
descolar (vi)	opstijgen	['ɔpstɛjxən]
pista (f) de descolagem	startbaan (de)	['start·bān]

| visibilidade (f) | zicht (het) | [zixt] |
| voo (m) | vlucht (de) | [vlʉxt] |

| altura (f) | hoogte (de) | ['hōxtə] |
| poço (m) de ar | luchtzak (de) | ['lʉxt·zak] |

assento (m)	plaats (de)	[plāts]
auscultadores (m pl)	koptelefoon (de)	['kɔp·telə'fōn]
mesa (f) rebatível	tafeltje (het)	['tafɛltʃə]
vigia (f)	venster (het)	['vɛnstər]
passagem (f)	gangpad (het)	['haŋpat]

25. Comboio

comboio (m)	trein (de)	[trɛjn]
comboio (m) suburbano	elektrische trein (de)	[ɛ'lɛktrisə trɛjn]
comboio (m) rápido	sneltrein (de)	['snɛl·trɛjn]
locomotiva (f) diesel	diesellocomotief (de)	['dizəl·lɔkɔmɔ'tif]
comboio (m) a vapor	stoomlocomotief (de)	[stōm·lɔkɔmɔ'tif]

| carruagem (f) | rijtuig (het) | ['rɛjtœɣx] |
| carruagem restaurante (f) | restauratierijtuig (het) | [rɛstɔ'ratsi·'rɛjtœɣx] |

trilhos (m pl)	rails	['rɛjls]
caminho de ferro (m)	spoorweg (de)	['spōr·wɛx]
travessa (f)	dwarsligger (de)	['dwars·lixə]

plataforma (f)	perron (het)	[pɛ'rɔn]
linha (f)	spoor (het)	[spōr]
semáforo (m)	semafoor (de)	[səma'fōr]
estação (f)	halte (de)	['haltə]

maquinista (m)	machinist (de)	[maʃi'nist]
bagageiro (m)	kruier (de)	['krœɣər]
condutor (m)	conducteur (de)	[kɔndʉk'tør]
passageiro (m)	passagier (de)	[pasa'xir]
revisor (m)	controleur (de)	[kɔntrɔ'lør]

| corredor (m) | gang (de) | [xaŋ] |
| freio (m) de emergência | noodrem (de) | ['nōd·rɛm] |

compartimento (m)	coupé (de)	[ku'pɛ]
cama (f)	bed (het)	[bɛt]
cama (f) de cima	bovenste bed (het)	['bovənstə bɛt]
cama (f) de baixo	onderste bed (het)	['ɔndərstə bɛt]
roupa (f) de cama	beddengoed (het)	['bɛdən·xut]

bilhete (m)	kaartje (het)	['kārtʃə]
horário (m)	dienstregeling (de)	[dinst·'rexəliŋ]
painel (m) de informação	informatiebord (het)	[infɔr'matsi·bɔrt]

| partir (vt) | vertrekken | [vər'trɛkən] |
| partida (f) | vertrek (het) | [vər'trɛk] |

| chegar (vi) | aankomen | ['ānkɔmən] |
| chegada (f) | aankomst (de) | ['ānkɔmst] |

chegar de comboio	aankomen per trein	['ānkɔmən pɛr trɛjn]
apanhar o comboio	in de trein stappen	[in də 'trɛjn 'stapən]
sair do comboio	uit de trein stappen	['œyt də 'trɛjn 'stapən]

acidente (m) ferroviário	treinwrak (het)	['trɛjn·wrak]
descarrilar (vi)	ontspoord zijn	[ɔnt'spōrt zɛjn]
comboio (m) a vapor	stoomlocomotief (de)	[stōm·lɔkɔmɔ'tif]
fogueiro (m)	stoker (de)	['stɔkər]
fornalha (f)	stookplaats (de)	['stōk·plāts]
carvão (m)	steenkool (de)	['stēn·kōl]

26. Barco

| navio (m) | schip (het) | [sxip] |
| embarcação (f) | vaartuig (het) | ['vārtœyx] |

vapor (m)	stoomboot (de)	['stōm·bōt]
navio (m)	motorschip (het)	['mɔtɔr·sxip]
transatlântico (m)	lijnschip (het)	['lɛjn·sxip]
cruzador (m)	kruiser (de)	['krœysər]

iate (m)	jacht (het)	[jaxt]
rebocador (m)	sleepboot (de)	['slēp·bōt]
barcaça (f)	duwbak (de)	['dʉwbak]
ferry (m)	ferryboot (de)	['fɛri·bōt]

| veleiro (m) | zeilboot (de) | ['zɛjl·bōt] |
| bergantim (m) | brigantijn (de) | [brixan'tɛjn] |

| quebra-gelo (m) | ijsbreker (de) | ['ɛjs·brekər] |
| submarino (m) | duikboot (de) | ['dœyk·bōt] |

bote, barco (m)	boot (de)	[bōt]
bote, dingue (m)	sloep (de)	[slup]
bote (m) salva-vidas	reddingssloep (de)	['rɛdiŋs·slup]
lancha (f)	motorboot (de)	['mɔtɔr·bōt]

capitão (m)	kapitein (de)	[kapi'tɛjn]
marinheiro (m)	zeeman (de)	['zēman]
marujo (m)	matroos (de)	[ma'trōs]
tripulação (f)	bemanning (de)	[bə'maniŋ]

contramestre (m)	bootsman (de)	['bōtsman]
grumete (m)	scheepsjongen (de)	['sxēps·'joŋən]
cozinheiro (m) de bordo	kok (de)	[kɔk]
médico (m) de bordo	scheepsarts (de)	['sxēps·arts]
convés (m)	dek (het)	[dɛk]

mastro (m)	**mast (de)**	[mast]
vela (f)	**zeil (het)**	[zɛjl]
porão (m)	**ruim (het)**	[rœʏm]
proa (f)	**voorsteven (de)**	['vōrstevən]
popa (f)	**achtersteven (de)**	['axtər·stevən]
remo (m)	**roeispaan (de)**	['rujs·pān]
hélice (f)	**schroef (de)**	[sxruf]
camarote (m)	**kajuit (de)**	[kajœʏt]
sala (f) dos oficiais	**officierskamer (de)**	[ɔfi'sir·'kamər]
sala (f) das máquinas	**machinekamer (de)**	[ma'ʃinə·'kamər]
ponte (m) de comando	**brug (de)**	[brʉx]
sala (f) de comunicações	**radiokamer (de)**	['radiɔ·'kamər]
onda (f) de rádio	**radiogolf (de)**	['radiɔ·xɔlf]
diário (m) de bordo	**logboek (het)**	['lɔxbuk]
luneta (f)	**verrekijker (de)**	['vɛrəkɛjkər]
sino (m)	**klok (de)**	[klɔk]
bandeira (f)	**vlag (de)**	[vlax]
cabo (m)	**kabel (de)**	['kabəl]
nó (m)	**knoop (de)**	[knōp]
corrimão (m)	**leuning (de)**	['løniŋ]
prancha (f) de embarque	**trap (de)**	[trap]
âncora (f)	**anker (het)**	['ankər]
recolher a âncora	**het anker lichten**	[ət 'ankər 'lixtən]
lançar a âncora	**het anker neerlaten**	[ət 'ankər 'nērlatən]
amarra (f)	**ankerketting (de)**	['ankər·'ketiŋ]
porto (m)	**haven (de)**	['havən]
cais, amarradouro (m)	**kaai (de)**	[kāj]
atracar (vi)	**aanleggen**	['ānlexən]
desatracar (vi)	**wegvaren**	['wɛxvarən]
viagem (f)	**reis (de)**	[rɛjs]
cruzeiro (m)	**cruise (de)**	[krus]
rumo (m), rota (f)	**koers (de)**	[kurs]
itinerário (m)	**route (de)**	['rutə]
canal (m) navegável	**vaarwater (het)**	['vār·watər]
baixio (m)	**zandbank (de)**	['zant·bank]
encalhar (vt)	**stranden**	['strandən]
tempestade (f)	**storm (de)**	[stɔrm]
sinal (m)	**signaal (het)**	[si'njāl]
afundar-se (vp)	**zinken**	['zinkən]
Homem ao mar!	**Man overboord!**	[man ɔvər'bōrt]
SOS	**SOS**	[ɛs ɔ ɛs]
boia (f) salva-vidas	**reddingsboei (de)**	['rɛdiŋs·bui]

T&P BOOKS

CIDADE

T&P Books Publishing

27. Transportes urbanos

autocarro (m)	bus, autobus (de)	[bʉs], ['autɔbʉs]
elétrico (m)	tram (de)	[trɛm]
troleicarro (m)	trolleybus (de)	['trɔlibʉs]
itinerário (m)	route (de)	['rutə]
número (m)	nummer (het)	['nʉmər]

ir de … (carro, etc.)	rijden met …	['rɛjdən mɛt]
entrar (~ no autocarro)	stappen	['stapən]
descer de …	afstappen	['afstapən]

paragem (f)	halte (de)	['haltə]
próxima paragem (f)	volgende halte (de)	['vɔlxəndə 'haltə]
ponto (m) final	eindpunt (het)	['ɛjnt·pʉnt]
horário (m)	dienstregeling (de)	[dinst·'rexəliŋ]
esperar (vt)	wachten	['waxtən]

bilhete (m)	kaartje (het)	['kãrtʃə]
custo (m) do bilhete	reiskosten (de)	['rɛjs·kɔstən]

bilheteiro (m)	kassier (de)	[ka'sir]
controlo (m) dos bilhetes	kaartcontrole (de)	['kãrt·kɔn'trɔlə]
revisor (m)	controleur (de)	[kɔntrɔ'lør]

atrasar-se (vp)	te laat zijn	[tə 'lãt zɛjn]
perder (o autocarro, etc.)	missen (de bus ~)	['misən]
estar com pressa	zich haasten	[zix 'hãstən]

táxi (m)	taxi (de)	['taksi]
taxista (m)	taxichauffeur (de)	['taksi·ʃo'før]
de táxi (ir ~)	met de taxi	[mɛt də 'taksi]
praça (f) de táxis	taxistandplaats (de)	['taksi·'stant·plãts]
chamar um táxi	een taxi bestellen	[en 'taksi bə'stɛlən]
apanhar um táxi	een taxi nemen	[en 'taksi 'nemən]

tráfego (m)	verkeer (het)	[vər'kẽr]
engarrafamento (m)	file (de)	['filə]
horas (f pl) de ponta	spitsuur (het)	['spits·ũr]
estacionar (vi)	parkeren	[par'kerən]
estacionar (vt)	parkeren	[par'kerən]
parque (m) de estacionamento	parking (de)	['parkiŋ]

metro (m)	metro (de)	['metrɔ]
estação (f)	halte (de)	['haltə]

ir de metro	de metro nemen	[də 'metrɔ 'nemən]
comboio (m)	trein (de)	[trɛjn]
estação (f)	station (het)	[sta'tsjɔn]

28. Cidade. Vida na cidade

cidade (f)	stad (de)	[stat]
capital (f)	hoofdstad (de)	['hōft·stat]
aldeia (f)	dorp (het)	[dɔrp]

mapa (m) da cidade	plattegrond (de)	['platə·xrɔnt]
centro (m) da cidade	centrum (het)	['sɛntrʉm]
subúrbio (m)	voorstad (de)	['vōrstat]
suburbano	voorstads-	['vōrstats]

periferia (f)	randgemeente (de)	['rant·xəmēntə]
arredores (m pl)	omgeving (de)	[ɔm'xeviŋ]
quarteirão (m)	blok (het)	[blɔk]
quarteirão (m) residencial	woonwijk (de)	['wōnvɛjk]

tráfego (m)	verkeer (het)	[vər'kēr]
semáforo (m)	verkeerslicht (het)	[vər'kērs·lixt]
transporte (m) público	openbaar vervoer (het)	[ɔpən'bār vər'vur]
cruzamento (m)	kruispunt (het)	['krœys·pynt]

passadeira (f) para peões	zebrapad (het)	['zɛbra·pat]
passagem (f) subterrânea	onderdoorgang (de)	['ɔndər·'dōrxaŋ]
cruzar, atravessar (vt)	oversteken	[ɔvər'stekən]
peão (m)	voetganger (de)	['vutxaŋər]
passeio (m)	trottoir (het)	[trɔtu'ar]

ponte (f)	brug (de)	[brʉx]
marginal (f)	dijk (de)	[dɛjk]
fonte (f)	fontein (de)	[fɔn'tɛjn]

alameda (f)	allee (de)	[a'lē]
parque (m)	park (het)	[park]
bulevar (m)	boulevard (de)	[bulə'var]
praça (f)	plein (het)	[plɛjn]
avenida (f)	laan (de)	[lān]
rua (f)	straat (de)	[strāt]
travessa (f)	zijstraat (de)	['zɛj·strāt]
beco (m) sem saída	doodlopende straat (de)	[dōd'lɔpəndə strāt]

casa (f)	huis (het)	['hœys]
edifício, prédio (m)	gebouw (het)	[xə'bau]
arranha-céus (m)	wolkenkrabber (de)	['wɔlkən·'krabər]

| fachada (f) | gevel (de) | ['xevəl] |
| telhado (m) | dak (het) | [dak] |

janela (f)	venster (het)	['vɛnstər]
arco (m)	boog (de)	[bōx]
coluna (f)	pilaar (de)	[pi'lār]
esquina (f)	hoek (de)	[huk]

montra (f)	vitrine (de)	[vit'rinə]
letreiro (m)	gevelreclame (de)	['xevəl·re'klamə]
cartaz (m)	affiche (de/het)	[a'fiʃə]
cartaz (m) publicitário	reclameposter (de)	[re'klamə·'pɔstər]
painel (m) publicitário	aanplakbord (het)	['ānplak·'bɔrt]

lixo (m)	vuilnis (de/het)	['vœɣlnis]
cesta (f) do lixo	vuilnisbak (de)	['vœɣlnis·bak]
jogar lixo na rua	afval weggooien	['afval 'wɛxōjən]
aterro (m) sanitário	stortplaats (de)	['stɔrt·plāts]

cabine (f) telefónica	telefooncel (de)	[telə'fōn·səl]
candeeiro (m) de rua	straatlicht (het)	['strāt·lixt]
banco (m)	bank (de)	[bank]

polícia (m)	politieagent (de)	[pɔ'litsi·a'xɛnt]
polícia (instituição)	politie (de)	[pɔ'litsi]
mendigo (m)	zwerver (de)	['zwɛrvər]
sem-abrigo (m)	dakloze (de)	[dak'lɔzə]

29. Instituições urbanas

loja (f)	winkel (de)	['winkəl]
farmácia (f)	apotheek (de)	[apɔ'tēk]
ótica (f)	optiek (de)	[ɔp'tik]
centro (m) comercial	winkelcentrum (het)	['winkəl·'sɛntrʉm]
supermercado (m)	supermarkt (de)	['sʉpərmarkt]

padaria (f)	bakkerij (de)	['bakərɛj]
padeiro (m)	bakker (de)	['bakər]
pastelaria (f)	banketbakkerij (de)	[ban'ket·bakə'rɛj]
mercearia (f)	kruidenier (de)	[krœɣdə'nir]
talho (m)	slagerij (de)	[slaxə'rɛj]

loja (f) de legumes	groentewinkel (de)	['xruntə·'winkəl]
mercado (m)	markt (de)	[markt]

café (m)	koffiehuis (het)	['kɔfi·hœɣs]
restaurante (m)	restaurant (het)	[rɛstɔ'rant]
cervejaria (f)	bar (de)	[bar]
pizzaria (f)	pizzeria (de)	[pitsə'rija]

salão (m) de cabeleireiro	kapperssalon (de/het)	['kapərs·sa'lɔn]
correios (m pl)	postkantoor (het)	[pɔst·kan'tōr]
lavandaria (f)	stomerij (de)	[stɔmɛ'rɛj]

estúdio (m) fotográfico	fotostudio (de)	[fɔtɔ·'stʉdiɔ]
sapataria (f)	schoenwinkel (de)	['sxun·'winkəl]
livraria (f)	boekhandel (de)	['bukən·'handəl]
loja (f) de artigos de desporto	sportwinkel (de)	['spɔrt·'winkəl]
reparação (f) de roupa	kledingreparatie (de)	['klediŋ·repa'ratsi]
aluguer (m) de roupa	kledingverhuur (de)	['klediŋ·vər'hūr]
aluguer (m) de filmes	videotheek (de)	[videɔ'tēk]
circo (m)	circus (de/het)	['sirkʉs]
jardim (m) zoológico	dierentuin (de)	['dīrən·tœyn]
cinema (m)	bioscoop (de)	[biɔ'skōp]
museu (m)	museum (het)	[mʉ'zejum]
biblioteca (f)	bibliotheek (de)	[bibliɔ'tēk]
teatro (m)	theater (het)	[te'atər]
ópera (f)	opera (de)	['ɔpəra]
clube (m) noturno	nachtclub (de)	['naxt·klʉp]
casino (m)	casino (het)	[ka'sinɔ]
mesquita (f)	moskee (de)	[mɔs'kē]
sinagoga (f)	synagoge (de)	[sina'xɔxə]
catedral (f)	kathedraal (de)	[kate'drāl]
templo (m)	tempel (de)	['tɛmpəl]
igreja (f)	kerk (de)	[kɛrk]
instituto (m)	instituut (het)	[insti'tūt]
universidade (f)	universiteit (de)	[junivɛrsi'tɛjt]
escola (f)	school (de)	[sxōl]
prefeitura (f)	gemeentehuis (het)	[xə'mēntə·hœys]
câmara (f) municipal	stadhuis (het)	['stat·hœys]
hotel (m)	hotel (het)	[hɔ'tɛl]
banco (m)	bank (de)	[bank]
embaixada (f)	ambassade (de)	[amba'sadə]
agência (f) de viagens	reisbureau (het)	[rɛjs·bʉ'rɔ]
agência (f) de informações	informatieloket (het)	[infɔr'matsi·lɔ'kɛt]
casa (f) de câmbio	wisselkantoor (het)	['wisəl·kan'tōr]
metro (m)	metro (de)	['metrɔ]
hospital (m)	ziekenhuis (het)	['zikən·hœys]
posto (m) de gasolina	benzinestation (het)	[bɛn'zinə·sta'tsjɔn]
parque (m) de estacionamento	parking (de)	['parkiŋ]

30. Sinais

| letreiro (m) | gevelreclame (de) | ['xevəl·re'klamə] |
| inscrição (f) | opschrift (het) | ['ɔpsxrift] |

cartaz, póster (m)	poster (de)	['pɔstər]
sinal (m) informativo	wegwijzer (de)	['wɛx·wɛjzər]
seta (f)	pijl (de)	[pɛjl]

aviso (advertência)	waarschuwing (de)	['wārsxjuviŋ]
sinal (m) de aviso	waarschuwings-bord (het)	['wārsxjuviŋs bɔrt]
avisar, advertir (vt)	waarschuwen	['wārsxjuvən]

dia (m) de folga	vrije dag (de)	['vrɛjə dax]
horário (m)	dienstregeling (de)	[dinst·'rexəliŋ]
horário (m) de funcionamento	openingsuren	['ɔpəniŋs·ʉrən]

BEM-VINDOS!	WELKOM!	['wɛlkɔm]
ENTRADA	INGANG	['inxaŋ]
SAÍDA	UITGANG	['œʏtxaŋ]

EMPURRE	DUWEN	['dʉwən]
PUXE	TREKKEN	['trɛkən]
ABERTO	OPEN	['ɔpən]
FECHADO	GESLOTEN	[xə'slɔtən]

| MULHER | DAMES | ['daməs] |
| HOMEM | HEREN | ['herən] |

DESCONTOS	KORTING	['kɔrtiŋ]
SALDOS	UITVERKOOP	['œʏtverkōp]
NOVIDADE!	NIEUW!	[niu]
GRÁTIS	GRATIS	['xratis]

ATENÇÃO!	PAS OP!	[pas 'ɔp]
NÃO HÁ VAGAS	VOLGEBOEKT	['vɔlxəbukt]
RESERVADO	GERESERVEERD	[xərezər'vērt]

ADMINISTRAÇÃO	ADMINISTRATIE	[atminist'ratsi]
SOMENTE PESSOAL	ALLEEN	[a'lēn
AUTORIZADO	VOOR PERSONEEL	vōr pərsɔ'nēl]

CUIDADO CÃO FEROZ	GEVAARLIJKE HOND	[xe'vārləkə hɔnt]
PROIBIDO FUMAR!	VERBODEN TE ROKEN!	[vər'bɔdən tə 'rɔkən]
NÃO TOCAR	NIET AANRAKEN!	[nit ān'rakən]

PERIGOSO	GEVAARLIJK	[xe'vārlək]
PERIGO	GEVAAR	[xe'vār]
ALTA TENSÃO	HOOGSPANNING	[hōh·'spaniŋ]
PROIBIDO NADAR	VERBODEN TE ZWEMMEN	[vər'bɔdən tə 'zwɛmən]
AVARIADO	BUITEN GEBRUIK	['bœʏtən xəbrœʏk]

| INFLAMÁVEL | ONTVLAMBAAR | [ɔnt'flambār] |
| PROIBIDO | VERBODEN | [vər'bɔdən] |

ENTRADA PROIBIDA	DOORGANG VERBODEN	['dōrxaŋ vər'bɔdən]
CUIDADO TINTA	OPGELET	[ɔpxe'lɛt
FRESCA	PAS GEVERFD	pas xə'verft]

31. Compras

comprar (vt)	kopen	['kɔpən]
compra (f)	aankoop (de)	['ānkɔp]
fazer compras	winkelen	['winkelən]
compras (f pl)	winkelen (het)	['winkelən]

| estar aberta (loja, etc.) | open zijn | ['ɔpən zɛjn] |
| estar fechada | gesloten zijn | [xə'slɔtən zɛjn] |

calçado (m)	schoeisel (het)	['sxuisəl]
roupa (f)	kleren (mv.)	['klerən]
cosméticos (m pl)	cosmetica (mv.)	[kɔs'metika]
alimentos (m pl)	voedingswaren	['vudiŋs·warən]
presente (m)	geschenk (het)	[xə'sxɛnk]

| vendedor (m) | verkoper (de) | [vər'kɔpər] |
| vendedora (f) | verkoopster (de) | [vər'kōpstər] |

caixa (f)	kassa (de)	['kasa]
espelho (m)	spiegel (de)	['spixəl]
balcão (m)	toonbank (de)	['tōn·bank]
cabine (f) de provas	paskamer (de)	['pas·kamər]

provar (vt)	aanpassen	['ānpasən]
servir (vi)	passen	['pasən]
gostar (apreciar)	bevallen	[bə'valən]

preço (m)	prijs (de)	[prɛjs]
etiqueta (f) de preço	prijskaartje (het)	['prɛjs·'kārtʃə]
custar (vt)	kosten	['kɔstən]
Quanto?	Hoeveel?	[hu'vēl]
desconto (m)	korting (de)	['kortiŋ]

não caro	niet duur	[nit dūr]
barato	goedkoop	[xut'kōp]
caro	duur	[dūr]
É caro	Dat is duur.	[dat is 'dūr]

aluguer (m)	verhuur (de)	[vər'hūr]
alugar (vestidos, etc.)	huren	['hʉrən]
crédito (m)	krediet (het)	[kre'dit]
a crédito	op krediet	[ɔp kre'dit]

T&P BOOKS

VESTUÁRIO & ACESSÓRIOS

T&P Books Publishing

32. Roupa exterior. Casacos

roupa (f)	kleren (mv.)	['klerən]
roupa (f) exterior	bovenkleding (de)	['bovən·'kledɪŋ]
roupa (f) de inverno	winterkleding (de)	['wɪntər·'kledɪŋ]
sobretudo (m)	jas (de)	[jas]
casaco (m) de peles	bontjas (de)	[bɔnt jas]
casaco curto (m) de peles	bontjasje (het)	[bɔnt 'jaɕə]
casaco (m) acolchoado	donzen jas (de)	['dɔnzən jas]
casaco, blusão (m)	jasje (het)	['jaɕə]
impermeável (m)	regenjas (de)	['rexən jas]
impermeável	waterdicht	['watərdɪxt]

33. Vestuário de homem & mulher

camisa (f)	overhemd (het)	['ɔvərhɛmt]
calças (f pl)	broek (de)	[bruk]
calças (f pl) de ganga	jeans (de)	[dʒins]
casaco (m) de fato	colbert (de)	['kɔlbər]
fato (m)	kostuum (het)	[kɔs'tüm]
vestido (ex. ~ vermelho)	jurk (de)	[jurk]
saia (f)	rok (de)	[rɔk]
blusa (f)	blouse (de)	['blus]
casaco (m) de malha	wollen vest (de)	['wɔlən vɛst]
casaco, blazer (m)	blazer (de)	['blezər]
T-shirt, camiseta (f)	T-shirt (het)	['tiʃøt]
calções (Bermudas, etc.)	shorts	[ʃɔrts]
fato (m) de treino	trainingspak (het)	['trɛjnɪŋs·pak]
roupão (m) de banho	badjas (de)	['batjas]
pijama (m)	pyjama (de)	[pi'jama]
suéter (m)	sweater (de)	['swetər]
pulôver (m)	pullover (de)	[pʉ'lɔvər]
colete (m)	gilet (het)	[ʒi'lɛt]
fraque (m)	rokkostuum (het)	[rɔk·kɔs'tüm]
smoking (m)	smoking (de)	['smɔkɪŋ]
uniforme (m)	uniform (het)	['junifɔrm]
roupa (f) de trabalho	werkkleding (de)	['wɛrk·'kledɪŋ]

fato-macaco (m)	overall (de)	[ɔvəˈral]
bata (~ branca, etc.)	doktersjas (de)	[ˈdɔktərs jas]

34. Vestuário. Roupa interior

roupa (f) interior	ondergoed (het)	[ˈɔndərxut]
cuecas boxer (f pl)	herenslip (de)	[ˈherən·slip]
cuecas (f pl)	slipjes	[ˈslipjes]
camisola (f) interior	onderhemd (het)	[ˈɔndərhɛmt]
peúgas (f pl)	sokken	[ˈsɔkən]
camisa (f) de noite	nachthemd (het)	[ˈnaxthɛmt]
sutiã (m)	beha (de)	[beˈha]
meias longas (f pl)	kniekousen	[kniˈkausən]
meias-calças (f pl)	panty (de)	[ˈpɛnti]
meias (f pl)	nylonkousen	[ˈnɛjlɔn·ˈkausən]
fato (m) de banho	badpak (het)	[ˈbad·pak]

35. Adereços de cabeça

chapéu (m)	hoed (de)	[hut]
chapéu (m) de feltro	deukhoed (de)	[ˈdøkhut]
boné (m) de beisebol	honkbalpet (de)	[ˈhɔnkbal·ˈpɛt]
boné (m)	kleppet (de)	[ˈklɛpɛt]
boina (f)	baret (de)	[baˈrɛt]
capuz (m)	kap (de)	[kap]
panamá (m)	panamahoed (de)	[paˈnama·hut]
gorro (m) de malha	gebreide muts (de)	[xəbˈrɛjdə mʉts]
lenço (m)	hoofddoek (de)	[ˈhõftduk]
chapéu (m) de mulher	dameshoed (de)	[ˈdaməs·hut]
capacete (m) de proteção	veiligheidshelm (de)	[ˈvɛjləxhɛjts·hɛlm]
bivaque (m)	veldmuts (de)	[ˈvɛlt·mʉts]
capacete (m)	helm, valhelm (de)	[hɛlm], [ˈvalhɛlm]
chapéu (m) de coco	bolhoed (de)	[ˈbɔlhut]
chapéu (m) alto	hoge hoed (de)	[ˈhɔxə hut]

36. Calçado

calçado (m)	schoeisel (het)	[ˈsxuisəl]
botinas (f pl)	schoenen	[ˈsxunən]
sapatos (de salto alto, etc.)	vrouwenschoenen	[ˈvrauwən·ˈsxunən]

| botas (f pl) | laarzen | ['lārzən] |
| pantufas (f pl) | pantoffels | [pan'tofəls] |

ténis (m pl)	sportschoenen	['sport·'sxunən]
sapatilhas (f pl)	sneakers	['snikərs]
sandálias (f pl)	sandalen	[san'dalən]

sapateiro (m)	schoenlapper (de)	['sxun·'lapər]
salto (m)	hiel (de)	[hil]
par (m)	paar (het)	[pār]

atacador (m)	veter (de)	['vetər]
apertar os atacadores	rijgen	['rɛjxən]
calçadeira (f)	schoenlepel (de)	['sxun·'lepəl]
graxa (f) para calçado	schoensmeer (de/het)	['sxun·smēr]

37. Acessórios pessoais

luvas (f pl)	handschoenen	['xand 'sxunən]
mitenes (f pl)	wanten	['wantən]
cachecol (m)	sjaal (de)	[çāl]

óculos (m pl)	bril (de)	[bril]
armação (f) de óculos	brilmontuur (het)	[bril·mɔn'tūr]
guarda-chuva (m)	paraplu (de)	[parap'lʉ]
bengala (f)	wandelstok (de)	['wandəl·stɔk]
escova (f) para o cabelo	haarborstel (de)	[hār·'bɔrstəl]
leque (m)	waaier (de)	['wājər]

gravata (f)	das (de)	[das]
gravata-borboleta (f)	strikje (het)	['strikjə]
suspensórios (m pl)	bretels	[brə'tɛls]
lenço (m)	zakdoek (de)	['zagduk]
pente (m)	kam (de)	[kam]
travessão (m)	haarspeldje (het)	[hār·'spɛldjə]
gancho (m) de cabelo	schuifspeldje (het)	['sxœyf·'spɛldjə]
fivela (f)	gesp (de)	[xɛsp]

cinto (m)	broekriem (de)	['bruk·rim]
correia (f)	draagriem (de)	['drāx·rim]
bolsa (f)	handtas (de)	['hand·tas]
bolsa (f) de senhora	damestas (de)	['daməs·tas]
mochila (f)	rugzak (de)	['rʉxzak]

38. Vestuário. Diversos

| moda (f) | mode (de) | ['mɔdə] |
| na moda | de mode | [də 'mɔdə] |

estilista (m)	kledingstilist (de)	['klediŋ·sti'list]
colarinho (m), gola (f)	kraag (de)	[krāx]
bolso (m)	zak (de)	[zak]
de bolso	zak-	[zak]
manga (f)	mouw (de)	['mau]
presilha (f)	lusje (het)	['lʉɕə]
braguilha (f)	gulp (de)	[xjulp]

fecho (m) de correr	rits (de)	[rits]
fecho (m), colchete (m)	sluiting (de)	['slœʏtiŋ]
botão (m)	knoop (de)	[knōp]
casa (f) de botão	knoopsgat (het)	['knōps·xat]
saltar (vi) (botão, etc.)	losraken	[lɔs'rakən]

coser, costurar (vi)	naaien	['nājən]
bordar (vt)	borduren	[bɔr'dʉrən]
bordado (m)	borduursel (het)	[bɔr'dūrsəl]
agulha (f)	naald (de)	[nālt]
fio (m)	draad (de)	[drāt]
costura (f)	naad (de)	[nāt]

sujar-se (vp)	vies worden	[vis 'wɔrdən]
mancha (f)	vlek (de)	[vlɛk]
engelhar-se (vp)	gekreukt raken	[xə'krøkt 'rakən]
rasgar (vt)	scheuren	['sxørən]
traça (f)	mot (de)	[mɔt]

39. Cuidados pessoais. Cosméticos

pasta (f) de dentes	tandpasta (de)	['tand·pasta]
escova (f) de dentes	tandenborstel (de)	['tandən·'bɔrstəl]
escovar os dentes	tanden poetsen	['tandən 'putsən]

máquina (f) de barbear	scheermes (het)	['sxēr·mɛs]
creme (m) de barbear	scheerschuim (het)	[sxēr·sxœʏm]
barbear-se (vp)	zich scheren	[zix 'sxerən]

| sabonete (m) | zeep (de) | [zēp] |
| champô (m) | shampoo (de) | ['ʃʌmpō] |

tesoura (f)	schaar (de)	[sxār]
lima (f) de unhas	nagelvijl (de)	['naxəl·vɛjl]
corta-unhas (m)	nagelknipper (de)	['naxəl·'knipər]
pinça (f)	pincet (het)	[pin'sɛt]

cosméticos (m pl)	cosmetica (mv.)	[kɔs'metika]
máscara (f) facial	masker (het)	['maskər]
manicura (f)	manicure (de)	[mani'kʉrə]
fazer a manicura	manicure doen	[mani'kʉrə dun]
pedicure (f)	pedicure (de)	[pedi'kʉrə]

bolsa (f) de maquilhagem	cosmetica tasje (het)	[kɔs'metika 'taçə]
pó (m)	poeder (de/het)	['pudər]
caixa (f) de pó	poederdoos (de)	['pudər·dōs]
blush (m)	rouge (de)	['ruʒə]

perfume (m)	parfum (de/het)	[par'fʉm]
água (f) de toilette	eau de toilet (de)	[ɔ də tua'lɛt]
loção (m)	lotion (de)	[lɔt'ʃɔn]
água-de-colónia (f)	eau de cologne (de)	[ɔ də kɔ'lɔnjə]

sombra (f) de olhos	oogschaduw (de)	['ōx·sxadʉw]
lápis (m) delineador	oogpotlood (het)	['ōx·'pɔtlɔt]
máscara (f), rímel (m)	mascara (de)	[mas'kara]

batom (m)	lippenstift (de)	['lipən·stift]
verniz (m) de unhas	nagellak (de)	['naxəl·lak]
laca (f) para cabelos	haarlak (de)	['hār·lak]
desodorizante (m)	deodorant (de)	[deɔdɔ'rant]

creme (m)	crème (de)	[krɛ:m]
creme (m) de rosto	gezichtscrème (de)	[xə'zihts·krɛ:m]
creme (m) de mãos	handcrème (de)	[hant·krɛ:m]
creme (m) antirrugas	antirimpelcrème (de)	[anti'rimpəl·krɛ:m]
creme (m) de dia	dagcrème (de)	['dax·krɛ:m]
creme (m) de noite	nachtcrème (de)	['naxt·krɛ:m]
de dia	dag-	[dax]
da noite	nacht-	[naxt]

tampão (m)	tampon (de)	[tam'pɔn]
papel (m) higiénico	toiletpapier (het)	[tua'lɛt·pa'pir]
secador (m) elétrico	föhn (de)	['føn]

40. Relógios de pulso. Relógios

relógio (m) de pulso	polshorloge (het)	['pols·hɔr'lɔʒə]
mostrador (m)	wijzerplaat (de)	['wɛjzər·plāt]
ponteiro (m)	wijzer (de)	['wɛjzər]
bracelete (f) em aço	metalen horlogeband (de)	[me'talən hɔr'lɔʒə·bant]
bracelete (f) em pele	horlogebandje (het)	[hɔr'lɔʒə·'bandjə]

pilha (f)	batterij (de)	[batə'rɛj]
descarregar-se	leeg zijn	[lēx zɛjn]
trocar a pilha	batterij vervangen	[batə'rɛj vər'vaŋən]
estar adiantado	voorlopen	['vōrlɔpən]
estar atrasado	achterlopen	['axtərlɔpən]

relógio (m) de parede	wandklok (de)	['want·klɔk]
ampulheta (f)	zandloper (de)	['zant·lɔpər]
relógio (m) de sol	zonnewijzer (de)	['zɔnə·wɛjzər]

despertador (m)	**wekker (de)**	['wɛkər]
relojoeiro (m)	**horlogemaker (de)**	[hɔr'lɔʒə·'makər]
reparar (vt)	**repareren**	[repa'rerən]

EXPERIÊNCIA DO QUOTIDIANO

T&P Books Publishing

41. Dinheiro

dinheiro (m)	geld (het)	[xɛlt]
câmbio (m)	ruil (de)	[rœʏl]
taxa (f) de câmbio	koers (de)	[kurs]
Caixa Multibanco (m)	geldautomaat (de)	[xɛlt·auto'māt]
moeda (f)	muntstuk (de)	['mʉntstʉk]
dólar (m)	dollar (de)	['dɔlar]
euro (m)	euro (de)	[ørɔ]
lira (f)	lire (de)	['lirə]
marco (m)	Duitse mark (de)	['dœʏtsə mark]
franco (m)	frank (de)	[frank]
libra (f) esterlina	pond sterling (het)	[pɔnt 'stɛrliŋ]
iene (m)	yen (de)	[jen]
dívida (f)	schuld (de)	[sxʉlt]
devedor (m)	schuldenaar (de)	['sxʉldənār]
emprestar (vt)	uitlenen	['œʏtlənən]
pedir emprestado	lenen	['lenən]
banco (m)	bank (de)	[bank]
conta (f)	bankrekening (de)	[bank·'rekəniŋ]
depositar (vt)	storten	['stɔrtən]
depositar na conta	op rekening storten	[ɔp 'rekəniŋ 'stɔrtən]
levantar (vt)	opnemen	['ɔpnemən]
cartão (m) de crédito	kredietkaart (de)	[kre'dit·kārt]
dinheiro (m) vivo	baar geld (het)	[bār 'xɛlt]
cheque (m)	cheque (de)	[ʃɛk]
passar um cheque	een cheque uitschrijven	[en ʃɛk œʏt'sxrɛjvən]
livro (m) de cheques	chequeboekje (het)	[ʃɛk·'bukjə]
carteira (f)	portefeuille (de)	[pɔrtə'fœʏə]
porta-moedas (m)	geldbeugel (de)	[xɛlt·'bøxəl]
cofre (m)	safe (de)	[sef]
herdeiro (m)	erfgenaam (de)	['ɛrfxənām]
herança (f)	erfenis (de)	['ɛrfənis]
fortuna (riqueza)	fortuin (het)	[for'tœʏn]
arrendamento (m)	huur (de)	[hūr]
renda (f) de casa	huurprijs (de)	['hūr·prɛjs]
alugar (vt)	huren	['hʉrən]
preço (m)	prijs (de)	[prɛjs]

| custo (m) | kostprijs (de) | ['kɔstprɛjs] |
| soma (f) | som (de) | [sɔm] |

gastar (vt)	uitgeven	['œʏtxevən]
gastos (m pl)	kosten	['kɔstən]
economizar (vi)	bezuinigen	[bə'zœʏnəxən]
económico	zuinig	['zœʏnəx]

pagar (vt)	betalen	[bə'talən]
pagamento (m)	betaling (de)	[bə'taliŋ]
troco (m)	wisselgeld (het)	['wisəl·xɛlt]

imposto (m)	belasting (de)	[bə'lastiŋ]
multa (f)	boete (de)	['butə]
multar (vt)	beboeten	[bə'butən]

42. Correios. Serviço postal

correios (m pl)	postkantoor (het)	[pɔst·kan'tõr]
correio (m)	post (de)	[pɔst]
carteiro (m)	postbode (de)	['pɔst·bodə]
horário (m)	openingsuren	['ɔpəniŋs·ʉrən]

carta (f)	brief (de)	[brif]
carta (f) registada	aangetekende brief (de)	['ãnxə'tekəndə brif]
postal (m)	briefkaart (de)	['brif·kãrt]
telegrama (m)	telegram (het)	[teləx'ram]
encomenda (f) postal	postpakket (het)	[pɔstpa'ket]
remessa (f) de dinheiro	overschrijving (de)	[ɔvər'sxrɛjviŋ]

receber (vt)	ontvangen	[ɔnt'faŋən]
enviar (vt)	sturen	['stʉrən]
envio (m)	verzending (de)	[vər'zɛndiŋ]

endereço (m)	adres (het)	[ad'rɛs]
código (m) postal	postcode (de)	['pɔst·kodə]
remetente (m)	verzender (de)	[vər'zɛndər]
destinatário (m)	ontvanger (de)	[ɔnt'faŋər]

| nome (m) | naam (de) | [nãm] |
| apelido (m) | achternaam (de) | ['axtər·nãm] |

tarifa (f)	tarief (het)	[ta'rif]
normal	standaard	['standãrt]
económico	zuinig	['zœʏnəx]

peso (m)	gewicht (het)	[xə'wixt]
pesar (estabelecer o peso)	afwegen	['afwexən]
envelope (m)	envelop (de)	[ɛnve'lɔp]
selo (m)	postzegel (de)	['pɔst·zexəl]

| colar o selo | een postzegel plakken op | [en pɔst'zexəl 'plakən ɔp] |

43. Banca

| banco (m) | bank (de) | [bank] |
| sucursal, balcão (f) | bankfiliaal (het) | [bank·fili'āl] |

| consultor (m) | bankbediende (de) | [bank·bə'dində] |
| gerente (m) | manager (de) | ['mɛnədʒər] |

conta (f)	bankrekening (de)	[bank·'rekəniŋ]
número (m) da conta	rekeningnummer (het)	['rekəniŋ·'nʉmər]
conta (f) corrente	lopende rekening (de)	['lɔpəndə 'rekəniŋ]
conta (f) poupança	spaarrekening (de)	['spār·'rekəniŋ]

abrir uma conta	een rekening openen	[en 'rekəniŋ 'ɔpənən]
fechar uma conta	de rekening sluiten	[də 'rekəniŋ slœʏtən]
depositar na conta	op rekening storten	[ɔp 'rekəniŋ 'stɔrtən]
levantar (vt)	opnemen	['ɔpnemən]

| depósito (m) | storting (de) | ['stɔrtiŋ] |
| fazer um depósito | een storting maken | [en 'stɔrtiŋ 'makən] |

| transferência (f) bancária | overschrijving (de) | [ɔvər'sxrɛjviŋ] |
| transferir (vt) | een overschrijving maken | [en ɔvər'sxrɛjviŋ 'makən] |

| soma (f) | som (de) | [sɔm] |
| Quanto? | Hoeveel? | [hu'vēl] |

| assinatura (f) | handtekening (de) | ['hand·'tekəniŋ] |
| assinar (vt) | ondertekenen | ['ɔndər'tekənən] |

| cartão (m) de crédito | kredietkaart (de) | [kre'dit·kārt] |
| código (m) | code (de) | ['kɔdə] |

| número (m) do cartão de crédito | kredietkaartnummer (het) | [kre'dit·kārt 'nʉmər] |
| Caixa Multibanco (m) | geldautomaat (de) | [xɛlt·autɔ'māt] |

cheque (m)	cheque (de)	[ʃɛk]
passar um cheque	een cheque uitschrijven	[en ʃɛk œʏt'sxrɛjvən]
livro (m) de cheques	chequeboekje (het)	[ʃɛk·'bukjə]

empréstimo (m)	lening, krediet (de)	['leniŋ], [kre'dit]
pedir um empréstimo	een lening aanvragen	[en 'leniŋ 'ānvraxən]
obter um empréstimo	een lening nemen	[en 'leniŋ 'nemən]
conceder um empréstimo	een lening verlenen	[en 'leniŋ vər'lenən]
garantia (f)	garantie (de)	[xa'rantsi]

44. Telefone. Conversação telefónica

telefone (m)	telefoon (de)	[telə'fõn]
telemóvel (m)	mobieltje (het)	[mɔ'biltʃe]
atendedor (m) de chamadas	antwoordapparaat (het)	['antwõrt·apa'rāt]

fazer uma chamada	bellen	['belən]
chamada (f)	belletje (het)	['beletʃe]

marcar um número	een nummer draaien	[en 'nʉmər 'drājən]
Alô!	Hallo!	[ha'lɔ]
perguntar (vt)	vragen	['vraxən]
responder (vt)	antwoorden	['antwõrdən]

ouvir (vt)	horen	['hɔrən]
bem	goed	[xut]
mal	slecht	[slɛxt]
ruído (m)	storingen	['stɔriŋən]

auscultador (m)	hoorn (de)	[hõrn]
pegar o telefone	opnemen	['ɔpnemən]
desligar (vi)	ophangen	['ɔphaŋən]

ocupado	bezet	[bə'zɛt]
tocar (vi)	overgaan	['ɔvərxān]
lista (f) telefónica	telefoonboek (het)	[telə'fõn·buk]

local	lokaal	[lɔ'kāl]
chamada (f) local	lokaal gesprek (het)	[lɔ'kāl xesp'rɛk]
para outra cidade	interlokaal	[intərlɔ'kāl]
chamada (f) para outra cidade	interlokaal gesprek (het)	[intərlɔ'kāl xe'sprɛk]
internacional	buitenlands	['bœytənlants]
chamada (f) internacional	buitenlands gesprek (het)	['bœytənlants xe'ʃprɛk]

45. Telefone móvel

telemóvel (m)	mobieltje (het)	[mɔ'biltʃe]
ecrã (m)	scherm (het)	[sxɛrm]
botão (m)	toets, knop (de)	[tuts], [knɔp]
cartão SIM (m)	simkaart (de)	['sim·kārt]

bateria (f)	batterij (de)	[batə'rɛj]
descarregar-se	leeg zijn	[lēx zɛjn]
carregador (m)	acculader (de)	[akʉ'ladər]
menu (m)	menu (het)	[me'nʉ]
definições (f pl)	instellingen	['instɛliŋən]

| melodia (f) | melodie (de) | [mɛlɔ'di] |
| escolher (vt) | selecteren | [selɛk'terən] |

calculadora (f)	rekenmachine (de)	['rekən·ma'ʃinə]
atendedor (m) de chamadas	voicemail (de)	['vɔjs·mɛjl]
despertador (m)	wekker (de)	['wɛkər]
contatos (m pl)	contacten	[kɔn'taktən]

| mensagem (f) de texto | SMS-bericht (het) | [ɛsɛ'mɛs-bə'rixt] |
| assinante (m) | abonnee (de) | [abɔ'nē] |

46. Estacionário

| caneta (f) | balpen (de) | ['bal·pən] |
| caneta (f) tinteiro | vulpen (de) | ['vʉl·pən] |

lápis (m)	potlood (het)	['pɔtlōt]
marcador (m)	marker (de)	['markər]
caneta (f) de feltro	viltstift (de)	['vilt·stift]

| bloco (m) de notas | notitieboekje (het) | [nɔ'titsi·'bukjə] |
| agenda (f) | agenda (de) | [a'xɛnda] |

régua (f)	liniaal (de/het)	[lini'āl]
calculadora (f)	rekenmachine (de)	['rekən·ma'ʃinə]
borracha (f)	gom (de)	[xɔm]
pionés (m)	punaise (de)	[pʉ'nɛzə]
clipe (m)	paperclip (de)	['pɛjpər·klip]

cola (f)	lijm (de)	[lɛjm]
agrafador (m)	nietmachine (de)	['nit·ma'ʃinə]
furador (m)	perforator (de)	[perfo'ratɔr]
afia-lápis (m)	potloodslijper (de)	['pɔtlōt·'slɛjpər]

47. Línguas estrangeiras

língua (f)	taal (de)	[tāl]
estrangeiro	vreemd	[vrēmt]
língua (f) estrangeira	vreemde taal (de)	['vrēmdə tāl]
estudar (vt)	leren	['lerən]
aprender (vt)	studeren	[stʉ'derən]

ler (vt)	lezen	['lezən]
falar (vi)	spreken	['sprekən]
compreender (vt)	begrijpen	[bə'xrɛjpən]
escrever (vt)	schrijven	['sxrɛjvən]
rapidamente	snel	[snɛl]

| devagar | langzaam | ['laŋzām] |
| fluentemente | vloeiend | ['vlujənt] |

regras (f pl)	regels	['rexəls]
gramática (f)	grammatica (de)	[xra'matika]
léxico (m)	vocabulaire (het)	[vɔkabʉ'lɛ:r]
fonética (f)	fonetiek (de)	[fɔnɛ'tik]

manual (m) escolar	leerboek (het)	['lēr·buk]
dicionário (m)	woordenboek (het)	['wōrdən·buk]
manual (m)	leerboek (het)	['lērbuk
de autoaprendizagem	voor zelfstudie	vōr 'zɛlfstʉdi]
guia (m) de conversação	taalgids (de)	['tāl·xits]

cassete (f)	cassette (de)	[ka'sɛtə]
cassete (f) de vídeo	videocassette (de)	['videɔ·ka'sɛtə]
CD (m)	CD (de)	[se'de]
DVD (m)	DVD (de)	[deve'de]

alfabeto (m)	alfabet (het)	['alfabət]
soletrar (vt)	spellen	['spɛlən]
pronúncia (f)	uitspraak (de)	['œʏtsprāk]

sotaque (m)	accent (het)	[ak'sɛnt]
com sotaque	met een accent	[mɛt en ak'sɛnt]
sem sotaque	zonder accent	['zɔndər ak'sɛnt]

| palavra (f) | woord (het) | [wōrt] |
| sentido (m) | betekenis (de) | [bə'tekənis] |

cursos (m pl)	cursus (de)	['kʉrzʉs]
inscrever-se (vp)	zich inschrijven	[zix 'insxrɛjvən]
professor (m)	leraar (de)	['lerār]

tradução (processo)	vertaling (de)	[vər'taliŋ]
tradução (texto)	vertaling (de)	[vər'taliŋ]
tradutor (m)	vertaler (de)	[vər'talər]
intérprete (m)	tolk (de)	[tɔlk]

| poliglota (m) | polyglot (de) | [pɔli'xlɔt] |
| memória (f) | geheugen (het) | [xə'høxən] |

T&P BOOKS

REFEIÇÕES. RESTAURANTE

T&P Books Publishing

48. Por a mesa

colher (f)	lepel (de)	['lepəl]
faca (f)	mes (het)	[mɛs]
garfo (m)	vork (de)	[vɔrk]

chávena (f)	kopje (het)	['kɔpjə]
prato (m)	bord (het)	[bɔrt]
pires (m)	schoteltje (het)	['sxɔteltʃə]
guardanapo (m)	servet (het)	[sɛr'vɛt]
palito (m)	tandenstoker (de)	['tandən·'stɔkər]

49. Restaurante

restaurante (m)	restaurant (het)	[rɛstɔ'rant]
café (m)	koffiehuis (het)	['kɔfi·hœʏs]
bar (m)	bar (de)	[bar]
salão (m) de chá	tearoom (de)	['ti·rõm]

empregado (m) de mesa	kelner, ober (de)	['kɛlnər], ['ɔbər]
empregada (f) de mesa	serveerster (de)	[sɛr'vērstər]
barman (m)	barman (de)	['barman]
ementa (f)	menu (het)	[me'nʉ]
lista (f) de vinhos	wijnkaart (de)	['wɛjn·kārt]
reservar uma mesa	een tafel reserveren	[en 'tafəl rezər'verən]
prato (m)	gerecht (het)	[xe'rɛht]
pedir (vt)	bestellen	[bə'stɛlən]
fazer o pedido	een bestelling maken	[en bə'stɛliŋ 'makən]

aperitivo (m)	aperitief (de/het)	[aperi'tif]
entrada (f)	voorgerecht (het)	['vōrxərɛht]
sobremesa (f)	dessert (het)	[dɛ'sɛːr]

conta (f)	rekening (de)	['rekəniŋ]
pagar a conta	de rekening betalen	[də 'rekəniŋ bə'talən]
dar o troco	wisselgeld teruggeven	['wisəl·xɛlt tɛ'rʉxevən]
gorjeta (f)	fooi (de)	[fõj]

50. Refeições

| comida (f) | eten (het) | ['etən] |
| comer (vt) | eten | ['etən] |

pequeno-almoço (m)	ontbijt (het)	[ɔn'bɛjt]
tomar o pequeno-almoço	ontbijten	[ɔn'bɛjtən]
almoço (m)	lunch (de)	['lʉnʃ]
almoçar (vi)	lunchen	['lʉnʃən]
jantar (m)	avondeten (het)	['avɔntetən]
jantar (vi)	souperen	[su'perən]

| apetite (m) | eetlust (de) | ['ētlʉst] |
| Bom apetite! | Eet smakelijk! | [ēt 'smakələk] |

abrir (~ uma lata, etc.)	openen	['ɔpənən]
derramar (vt)	morsen	['mɔrsən]
derramar-se (vp)	zijn gemorst	[zɛjn xɛ'mɔrst]

estar a ferver (água)	koken	['kɔkən]
ferver (vt)	koken	['kɔkən]
fervido	gekookt	[xə'kōkt]
arrefecer (vt)	afkoelen	['afkulən]
arrefecer-se (vp)	afkoelen	['afkulən]

| sabor, gosto (m) | smaak (de) | [smãk] |
| gostinho (m) | nasmaak (de) | ['nasmãk] |

fazer dieta	volgen een dieet	['vɔlxə en di'ēt]
dieta (f)	dieet (het)	[di'ēt]
vitamina (f)	vitamine (de)	[vita'minə]
caloria (f)	calorie (de)	[kalɔ'ri]
vegetariano (m)	vegetariër (de)	[vəxɛ'tarier]
vegetariano	vegetarisch	[vəxɛ'taris]

gorduras (f pl)	vetten	['vɛtən]
proteínas (f pl)	eiwitten	['ɛjwitən]
hidratos (m pl) de carbono	koolhydraten	[kōlhi'dratən]
fatia (~ de limão, etc.)	snede (de)	['snedə]
pedaço (~ de bolo)	stuk (het)	[stʉk]
migalha (f)	kruimel (de)	['krœymməl]

51. Pratos cozinhados

prato (m)	gerecht (het)	[xe'rɛht]
cozinha (~ portuguesa)	keuken (de)	['køkən]
receita (f)	recept (het)	[re'sɛpt]
porção (f)	portie (de)	['pɔrsi]

| salada (f) | salade (de) | [sa'ladə] |
| sopa (f) | soep (de) | [sup] |

caldo (m)	bouillon (de)	[bu'jon]
sandes (f)	boterham (de)	['bɔtərham]
ovos (m pl) estrelados	spiegelei (het)	['spixəl·ɛj]

hambúrguer (m)	**hamburger (de)**	['hambʉrxər]
bife (m)	**biefstuk (de)**	['bifstʉk]
conduto (m)	**garnering (de)**	[xar'neriŋ]
espaguete (m)	**spaghetti (de)**	[spa'xeti]
puré (m) de batata	**aardappelpuree (de)**	['ārdapəl·pʉ'rē]
pizza (f)	**pizza (de)**	['pitsa]
papa (f)	**pap (de)**	[pap]
omelete (f)	**omelet (de)**	[ɔmə'lɛt]
cozido em água	**gekookt**	[xə'kōkt]
fumado	**gerookt**	[xə'rōkt]
frito	**gebakken**	[xə'bakən]
seco	**gedroogd**	[xə'drɔ̄xt]
congelado	**diepvries**	['dip·vris]
em vinagre	**gemarineerd**	[xəmari'nērt]
doce (açucarado)	**zoet**	[zut]
salgado	**gezouten**	[xə'zautən]
frio	**koud**	['kaut]
quente	**heet**	[hēt]
amargo	**bitter**	['bitər]
gostoso	**lekker**	['lɛkər]
cozinhar (em água a ferver)	**koken**	['kɔkən]
fazer, preparar (vt)	**bereiden**	[bə'rɛjdən]
fritar (vt)	**bakken**	['bakən]
aquecer (vt)	**opwarmen**	['ɔpwarmən]
salgar (vt)	**zouten**	['zautən]
apimentar (vt)	**peperen**	['pepərən]
ralar (vt)	**raspen**	['raspən]
casca (f)	**schil (de)**	[sxil]
descascar (vt)	**schillen**	['sxilən]

52. Comida

carne (f)	**vlees (het)**	[vlēs]
galinha (f)	**kip (de)**	[kip]
frango (m)	**kuiken (het)**	['kœɤkən]
pato (m)	**eend (de)**	[ēnt]
ganso (m)	**gans (de)**	[xans]
caça (f)	**wild (het)**	[wilt]
peru (m)	**kalkoen (de)**	[kal'kun]
carne (f) de porco	**varkensvlees (het)**	['varkəns·vlēs]
carne (f) de vitela	**kalfsvlees (het)**	['kalfs·vlēs]
carne (f) de carneiro	**schapenvlees (het)**	['sxapən·vlēs]
carne (f) de vaca	**rundvlees (het)**	['rʉnt·vlēs]

carne (f) de coelho	konijnenvlees (het)	[kɔ'nɛjnən·vlɛ̃s]
chouriço (m)	worst (de)	[wɔrst]
salsicha (f)	saucijs (de)	['sɔsɛjs]
bacon (m)	spek (het)	[spɛk]
fiambre (f)	ham (de)	[ham]
presunto (m)	gerookte achterham (de)	[xə'rōktə 'ahtərham]
patê (m)	paté (de)	[pa'tɛ]
iscas (f pl)	lever (de)	['levər]
carne (f) moída	gehakt (het)	[xə'hakt]
língua (f)	tong (de)	[tɔŋ]
ovo (m)	ei (het)	[ɛj]
ovos (m pl)	eieren	['ɛjerən]
clara (f) do ovo	eiwit (het)	['ɛjwit]
gema (f) do ovo	eigeel (het)	['ɛjxēl]
peixe (m)	vis (de)	[vis]
marisco (m)	zeevruchten	[zē·'vrʉxtən]
crustáceos (m pl)	schaaldieren	['sxal·dīrən]
caviar (m)	kaviaar (de)	[ka'vjār]
caranguejo (m)	krab (de)	[krab]
camarão (m)	garnaal (de)	[xar'nāl]
ostra (f)	oester (de)	['ustər]
lagosta (f)	langoest (de)	[lan'xust]
polvo (m)	octopus (de)	['ɔktɔpʉs]
lula (f)	inktvis (de)	['inktvis]
esturjão (m)	steur (de)	['stør]
salmão (m)	zalm (de)	[zalm]
halibute (m)	heilbot (de)	['hɛjlbɔt]
bacalhau (m)	kabeljauw (de)	[kabə'ljau]
cavala (m), sarda (f)	makreel (de)	[ma'krēl]
atum (m)	tonijn (de)	[tɔ'nɛjn]
enguia (f)	paling (de)	[pa'liŋ]
truta (f)	forel (de)	[fɔ'rɛl]
sardinha (f)	sardine (de)	[sar'dinə]
lúcio (m)	snoek (de)	[snuk]
arenque (m)	haring (de)	['hariŋ]
pão (m)	brood (het)	[brōt]
queijo (m)	kaas (de)	[kās]
açúcar (m)	suiker (de)	[sœʏkər]
sal (m)	zout (het)	['zaut]
arroz (m)	rijst (de)	[rɛjst]
massas (f pl)	pasta (de)	['pasta]
talharim (m)	noedels	['nudɛls]
manteiga (f)	boter (de)	['bɔtər]

óleo (m)	plantaardige olie (de)	[plant'ārdixə 'ɔli]
óleo (m) de girassol	zonnebloemolie (de)	['zɔnəblum·'ɔli]
margarina (f)	margarine (de)	[marxa'rinə]

azeitonas (f pl)	olijven	[ɔ'lɛjvən]
azeite (m)	olijfolie (de)	[ɔ'lɛjf·'ɔli]

leite (m)	melk (de)	[mɛlk]
leite (m) condensado	gecondenseerde melk (de)	[xəkɔnsən'sērdə mɛlk]
iogurte (m)	yoghurt (de)	['jogʉrt]
creme (m) azedo	zure room (de)	['zʉrə rōm]
nata (f) do leite	room (de)	[rōm]

maionese (f)	mayonaise (de)	[majo'nɛzə]
creme (m)	crème (de)	[krɛ:m]

grãos (m pl) de cereais	graan (het)	[xrān]
farinha (f)	meel (het), bloem (de)	[mēl], [blum]
conservas (f pl)	conserven	[kɔn'sɛrvən]

flocos (m pl) de milho	maïsvlokken	[majs·'vlɔkən]
mel (m)	honing (de)	['hɔniŋ]
doce (m)	jam (de)	[ʃɛm]
pastilha (f) elástica	kauwgom (de)	['kauxɔm]

53. Bebidas

água (f)	water (het)	['watər]
água (f) potável	drinkwater (het)	['drink·'watər]
água (f) mineral	mineraalwater (het)	[minə'rāl·'watər]

sem gás	zonder gas	['zɔndər xas]
gaseificada	koolzuurhoudend	[kōlzūr·'haudənt]
com gás	bruisend	['brœysənt]
gelo (m)	ijs (het)	[ɛjs]
com gelo	met ijs	[mɛt ɛjs]

sem álcool	alcohol vrij	['alkɔhɔl vrɛj]
bebida (f) sem álcool	alcohol vrije drank (de)	['alkɔhɔl 'vrɛjə drank]
refresco (m)	frisdrank (de)	['fris·drank]
limonada (f)	limonade (de)	[limɔ'nadə]

bebidas (f pl) alcoólicas	alcoholische dranken	[alkɔ'hɔlisə 'drankən]
vinho (m)	wijn (de)	[wɛjn]
vinho (m) branco	witte wijn (de)	['witə wɛjn]
vinho (m) tinto	rode wijn (de)	['rɔdə wɛjn]
licor (m)	likeur (de)	[li'kør]
champanhe (m)	champagne (de)	[ʃʌm'panjə]

vermute (m)	vermout (de)	['vɛrmut]
uísque (m)	whisky (de)	['wiski]
vodka (f)	wodka (de)	['wɔdka]
gim (m)	gin (de)	[dʒin]
conhaque (m)	cognac (de)	[kɔ'njak]
rum (m)	rum (de)	[rʉm]

café (m)	koffie (de)	['kɔfi]
café (m) puro	zwarte koffie (de)	['zwartə 'kɔfi]
café (m) com leite	koffie (de) met melk	['kɔfi mɛt mɛlk]
cappuccino (m)	cappuccino (de)	[kapu'ʧinɔ]
café (m) solúvel	oploskoffie (de)	['ɔplɔs·'kɔfi]

leite (m)	melk (de)	[mɛlk]
coquetel (m)	cocktail (de)	['kɔktəl]
batido (m) de leite	milkshake (de)	['milk·ʃɛjk]

sumo (m)	sap (het)	[sap]
sumo (m) de tomate	tomatensap (het)	[tɔ'matən·sap]
sumo (m) de laranja	sinaasappelsap (het)	['sinãsapəl·sap]
sumo (m) fresco	vers geperst sap (het)	[vɛrs xə'pɛrst sap]

cerveja (f)	bier (het)	[bir]
cerveja (f) clara	licht bier (het)	[lixt bir]
cerveja (m) preta	donker bier (het)	['dɔnkər bir]

chá (m)	thee (de)	[tē]
chá (m) preto	zwarte thee (de)	['zwartə tē]
chá (m) verde	groene thee (de)	['xrunə tē]

54. Vegetais

| legumes (m pl) | groenten | ['xruntən] |
| verduras (f pl) | verse kruiden | ['vɛrsə 'krœʏdən] |

tomate (m)	tomaat (de)	[tɔ'māt]
pepino (m)	augurk (de)	[au'xʉrk]
cenoura (f)	wortel (de)	['wɔrtəl]
batata (f)	aardappel (de)	['ārd·apəl]
cebola (f)	ui (de)	['œʏ]
alho (m)	knoflook (de)	['knõflɔk]

couve (f)	kool (de)	[kōl]
couve-flor (f)	bloemkool (de)	['blum·kōl]
couve-de-bruxelas (f)	spruitkool (de)	['sprœʏt·kōl]
brócolos (m pl)	broccoli (de)	['brɔkɔli]

beterraba (f)	rode biet (de)	['rɔdə bit]
beringela (f)	aubergine (de)	[ɔbɛr'ʒinə]
curgete (f)	courgette (de)	[kur'ʒɛt]

| abóbora (f) | pompoen (de) | [pɔm'pun] |
| nabo (m) | raap (de) | [răp] |

salsa (f)	peterselie (de)	[petər'sɛli]
funcho, endro (m)	dille (de)	['dilə]
alface (f)	sla (de)	[sla]
aipo (m)	selderij (de)	['sɛldɛrɛj]
espargo (m)	asperge (de)	[as'pɛrʒə]
espinafre (m)	spinazie (de)	[spi'nazi]

ervilha (f)	erwt (de)	[ɛrt]
fava (f)	bonen	['bɔnən]
milho (m)	maïs (de)	[majs]
feijão (m)	boon (de)	[bõn]

pimentão (m)	peper (de)	['pepər]
rabanete (m)	radijs (de)	[ra'dɛjs]
alcachofra (f)	artisjok (de)	[arti'çɔk]

55. Frutos. Nozes

fruta (f)	vrucht (de)	[vrʉxt]
maçã (f)	appel (de)	['apəl]
pera (f)	peer (de)	[pẽr]
limão (m)	citroen (de)	[si'trun]
laranja (f)	sinaasappel (de)	['sinăsapəl]
morango (m)	aardbei (de)	['ărd·bɛj]

tangerina (f)	mandarijn (de)	[manda'rɛjn]
ameixa (f)	pruim (de)	['prœʏm]
pêssego (m)	perzik (de)	['pɛrzik]
damasco (m)	abrikoos (de)	[abri'kõs]
framboesa (f)	framboos (de)	[fram'bõs]
ananás (m)	ananas (de)	['ananas]

banana (f)	banaan (de)	[ba'năn]
melancia (f)	watermeloen (de)	['watərmɛ'lun]
uva (f)	druif (de)	[drœʏf]
ginja (f)	zure kers (de)	['zʉrə kɛrs]
cereja (f)	zoete kers (de)	['zutə kɛrs]
meloa (f)	meloen (de)	[mə'lun]

toranja (f)	grapefruit (de)	['grepfrut]
abacate (m)	avocado (de)	[avɔ'kadɔ]
papaia (f)	papaja (de)	[pa'paja]
manga (f)	mango (de)	['mangɔ]
romã (f)	granaatappel (de)	[xra'năt·'apəl]

| groselha (f) vermelha | rode bes (de) | ['rɔdə bɛs] |
| groselha (f) preta | zwarte bes (de) | ['zwartə bɛs] |

groselha (f) espinhosa	kruisbes (de)	['krœʏsbɛs]
mirtilo (m)	bosbes (de)	['bɔsbɛs]
amora silvestre (f)	braambes (de)	['brãmbɛs]

uvas (f pl) passas	rozijn (de)	[rɔ'zɛjn]
figo (m)	vijg (de)	[vɛjx]
tâmara (f)	dadel (de)	['dadəl]

amendoim (m)	pinda (de)	['pinda]
amêndoa (f)	amandel (de)	[a'mandəl]
noz (f)	walnoot (de)	['walnõt]
avelã (f)	hazelnoot (de)	['hazəl·nõt]
coco (m)	kokosnoot (de)	['kɔkɔs·nõt]
pistáchios (m pl)	pistaches	[pi'staʃəs]

56. Pão. Bolaria

pastelaria (f)	suikerbakkerij (de)	[sœʏkər bakə'rɛj]
pão (m)	brood (het)	[brõt]
bolacha (f)	koekje (het)	['kukjə]

chocolate (m)	chocolade (de)	[ʃɔkɔ'ladə]
de chocolate	chocolade-	[ʃɔkɔ'ladə]
rebuçado (m)	snoepje (het)	['snupjə]
bolo (cupcake, etc.)	cakeje (het)	['kejkjə]
bolo (m) de aniversário	taart (de)	[tãrt]

| tarte (~ de maçã) | pastei (de) | [pas'tɛj] |
| recheio (m) | vulling (de) | ['vʉliŋ] |

doce (m)	confituur (de)	[kɔnfi'tūr]
geleia (f) de frutas	marmelade (de)	[marmə'ladə]
waffle (m)	wafel (de)	['wafəl]
gelado (m)	ijsje (het)	['ɛisjə], ['ɛiʃə]
pudim (m)	pudding (de)	['pʉdiŋ]

57. Especiarias

sal (m)	zout (het)	['zaut]
salgado	gezouten	[xə'zautən]
salgar (vt)	zouten	['zautən]

pimenta (f) preta	zwarte peper (de)	['zwartə 'pepər]
pimenta (f) vermelha	rode peper (de)	['rɔdə 'pepər]
mostarda (f)	mosterd (de)	['mɔstərt]
raiz-forte (f)	mierikswortel (de)	['miriks·'wɔrtəl]
condimento (m)	condiment (het)	[kɔndi'mɛnt]
especiaria (f)	specerij , kruiderij (de)	[spesə'rɛj], [krœʏdə'rɛj]

molho (m)	**saus (de)**	['saus]
vinagre (m)	**azijn (de)**	[a'zɛjn]
anis (m)	**anijs (de)**	[a'nɛjs]
manjericão (m)	**basilicum (de)**	[ba'silikəm]
cravo (m)	**kruidnagel (de)**	['krœɣtnaxəl]
gengibre (m)	**gember (de)**	['xɛmbər]
coentro (m)	**koriander (de)**	[kɔri'andər]
canela (f)	**kaneel (de/het)**	[ka'nēl]
sésamo (m)	**sesamzaad (het)**	['sɛzam·zāt]
folhas (f pl) de louro	**laurierblad (het)**	[lau'rir·blat]
páprica (f)	**paprika (de)**	['paprika]
cominho (m)	**komijn (de)**	[kɔ'mɛjn]
açafrão (m)	**saffraan (de)**	[saf'rān]

BOOKS

T&p

INFORMAÇÃO PESSOAL. FAMÍLIA

T&P Books Publishing

58. Informação pessoal. Formulários

nome (m)	**naam (de)**	[nãm]
apelido (m)	**achternaam (de)**	['axtər·nãm]
data (f) de nascimento	**geboortedatum (de)**	[xə'bõrtə·datʉm]
local (m) de nascimento	**geboorteplaats (de)**	[xə'bõrtə·plãts]
nacionalidade (f)	**nationaliteit (de)**	[natsjɔnali'tɛjt]
lugar (m) de residência	**woonplaats (de)**	['wõm·plãts]
país (m)	**land (het)**	[lant]
profissão (f)	**beroep (het)**	[bə'rup]
sexo (m)	**geslacht (het)**	[xə'slaht]
estatura (f)	**lengte (de)**	['lɛŋtə]
peso (m)	**gewicht (het)**	[xə'wixt]

59. Membros da família. Parentes

mãe (f)	**moeder (de)**	['mudər]
pai (m)	**vader (de)**	['vadər]
filho (m)	**zoon (de)**	[zõn]
filha (f)	**dochter (de)**	['dɔxtər]
filha (f) mais nova	**jongste dochter (de)**	['jɔŋstə 'dɔxtər]
filho (m) mais novo	**jongste zoon (de)**	['jɔŋstə zõn]
filha (f) mais velha	**oudste dochter (de)**	['audstə 'dɔxtər]
filho (m) mais velho	**oudste zoon (de)**	['audstə zõn]
irmão (m)	**broer (de)**	[brur]
irmão mais velho	**oudere broer (de)**	['audərə brur]
irmão mais novo	**jongere broer (de)**	['jɔŋərə brur]
irmã (f)	**zuster (de)**	['zʉstər]
irmã mais velha	**oudere zuster (de)**	['audərə 'zʉstər]
irmã mais nova	**jongere zuster (de)**	['jɔŋərə 'zʉstər]
primo (m)	**neef (de)**	[nẽf]
prima (f)	**nicht (de)**	[nixt]
mamã (f)	**mama (de)**	['mama]
papá (m)	**papa (de)**	['papa]
pais (pl)	**ouders**	['audərs]
criança (f)	**kind (het)**	[kint]
crianças (f pl)	**kinderen**	['kindərən]
avó (f)	**oma (de)**	['ɔma]
avô (m)	**opa (de)**	['ɔpa]

neto (m)	kleinzoon (de)	[klɛjn·zõn]
neta (f)	kleindochter (de)	[klɛjn·'dɔxtər]
netos (pl)	kleinkinderen	[klɛjn·'kinderən]

tio (m)	oom (de)	[õm]
tia (f)	tante (de)	['tantə]
sobrinho (m)	neef (de)	[nẽf]
sobrinha (f)	nicht (de)	[nixt]

sogra (f)	schoonmoeder (de)	['sxõn·mudər]
sogro (m)	schoonvader (de)	['sxõn·vadər]
genro (m)	schoonzoon (de)	['sxõn·zõn]
madrasta (f)	stiefmoeder (de)	['stif·mudər]
padrasto (m)	stiefvader (de)	['stif·vadər]

criança (f) de colo	zuigeling (de)	['zœyxəliŋ]
bebé (m)	wiegenkind (het)	['wixən·kint]
menino (m)	kleuter (de)	['kløtər]

mulher (f)	vrouw (de)	['vrau]
marido (m)	man (de)	[man]
esposo (m)	echtgenoot (de)	['ɛhtxənõt]
esposa (f)	echtgenote (de)	['ɛhtxənɔtə]

casado	gehuwd	[xə'hʉwt]
casada	gehuwd	[xə'hʉwt]
solteiro	ongehuwd	[ɔnhə'hʉwt]
solteirão (m)	vrijgezel (de)	[vrɛjxə'zɛl]
divorciado	gescheiden	[xə'sxɛjdən]
viúva (f)	weduwe (de)	['wedʉwə]
viúvo (m)	weduwnaar (de)	['wedʉwnãr]

parente (m)	familielid (het)	[fa'mililit]
parente (m) próximo	dichte familielid (het)	['dixtə fa'mililit]
parente (m) distante	verre familielid (het)	['vɛrə fa'mililit]
parentes (m pl)	familieleden	[fa'mili'ledən]

órfão (m), órfã (f)	wees (de),	[wẽs],
	weeskind (het)	['wẽskint]
tutor (m)	voogd (de)	[võxt]
adotar (um filho)	adopteren	[adɔp'terən]
adotar (uma filha)	adopteren	[adɔp'terən]

60. Amigos. Colegas de trabalho

amigo (m)	vriend (de)	[vrint]
amiga (f)	vriendin (de)	[vrin'din]
amizade (f)	vriendschap (de)	['vrintsxap]
ser amigos	bevriend zijn	[bə'vrint zɛjn]
amigo (m)	makker (de)	['makər]

amiga (f)	**vriendin (de)**	[vrin'din]
parceiro (m)	**partner (de)**	['partnər]
chefe (m)	**chef (de)**	[ʃɛf]
superior (m)	**baas (de)**	[bās]
proprietário (m)	**eigenaar (de)**	['ɛjxənār]
subordinado (m)	**ondergeschikte (de)**	['ɔndərxə'sxiktə]
colega (m)	**collega (de)**	[kɔ'lexa]
conhecido (m)	**kennis (de)**	['kɛnis]
companheiro (m) de viagem	**medereiziger (de)**	['medə·'rɛjzixər]
colega (m) de classe	**klasgenoot (de)**	['klas·xənōt]
vizinho (m)	**buurman (de)**	['būrman]
vizinha (f)	**buurvrouw (de)**	['būrvrau]
vizinhos (pl)	**buren**	['bʉrən]

T&P
BOOKS

CORPO HUMANO. MEDICINA

T&P Books Publishing

61. Cabeça

cabeça (f)	hoofd (het)	[hõft]
cara (f)	gezicht (het)	[xə'ziht]
nariz (m)	neus (de)	['nøs]
boca (f)	mond (de)	[mɔnt]

olho (m)	oog (het)	[õx]
olhos (m pl)	ogen	['ɔxən]
pupila (f)	pupil (de)	[pʉ'pil]
sobrancelha (f)	wenkbrauw (de)	['wɛnk·brau]
pestana (f)	wimper (de)	['wimpər]
pálpebra (f)	ooglid (het)	['õx·lit]

língua (f)	tong (de)	[tɔŋ]
dente (m)	tand (de)	[tant]
lábios (m pl)	lippen	['lipən]
maçãs (f pl) do rosto	jukbeenderen	[juk'·bēndərən]
gengiva (f)	tandvlees (het)	['tand·vlēs]
céu (f) da boca	gehemelte (het)	[xə'heməltə]

narinas (f pl)	neusgaten	['nøsxatən]
queixo (m)	kin (de)	[kin]
mandíbula (f)	kaak (de)	[kāk]
bochecha (f)	wang (de)	[waŋ]

testa (f)	voorhoofd (het)	['võrhõft]
têmpora (f)	slaap (de)	[slāp]
orelha (f)	oor (het)	[õr]
nuca (f)	achterhoofd (het)	['axtər·hõft]
pescoço (m)	hals (de)	[hals]
garganta (f)	keel (de)	[kēl]

cabelos (m pl)	haren	['harən]
penteado (m)	kapsel (het)	['kapsəl]
corte (m) de cabelo	haarsnit (de)	['hārsnit]
peruca (f)	pruik (de)	['prœʏk]

bigode (m)	snor (de)	[snɔr]
barba (f)	baard (de)	[bārt]
usar, ter (~ barba, etc.)	dragen	['draxən]
trança (f)	vlecht (de)	[vlɛxt]
suíças (f pl)	bakkebaarden	[bakə'bārtən]

ruivo	ros	[rɔs]
grisalho	grijs	[xrɛjs]

calvo	kaal	[kāl]
calva (f)	kale plek (de)	['kalə plɛk]

rabo-de-cavalo (m)	paardenstaart (de)	['pārdən·stārt]
franja (f)	pony (de)	['pɔni]

62. Corpo humano

mão (f)	hand (de)	[hant]
braço (m)	arm (de)	[arm]

dedo (m)	vinger (de)	['viŋər]
dedo (m) do pé	teen (de)	[tēn]
polegar (m)	duim (de)	['dœʏm]
dedo (m) mindinho	pink (de)	[pink]
unha (f)	nagel (de)	['naxəl]

punho (m)	vuist (de)	['vœʏst]
palma (f) da mão	handpalm (de)	['hantpalm]
pulso (m)	pols (de)	[pɔls]
antebraço (m)	voorarm (de)	['vōrarm]
cotovelo (m)	elleboog (de)	['ɛləbōx]
ombro (m)	schouder (de)	['sxaudər]

perna (f)	been (het)	[bēn]
pé (m)	voet (de)	[vut]
joelho (m)	knie (de)	[kni]
barriga (f) da perna	kuit (de)	['kœʏt]

anca (f)	heup (de)	['høp]
talão (m)	hiel (de)	[hil]

corpo (m)	lichaam (het)	['lixām]
barriga (f)	buik (de)	['bœʏk]
peito (m)	borst (de)	[bɔrst]
seio (m)	borst (de)	[bɔrst]
lado (m)	zijde (de)	['zɛjdə]
costas (f pl)	rug (de)	[rʉx]

região (f) lombar	lage rug (de)	[laxə rʉx]
cintura (f)	taille (de)	['tajə]

umbigo (m)	navel (de)	['navəl]
nádegas (f pl)	billen	['bilən]
traseiro (m)	achterwerk (het)	['axtərwɛrk]

sinal (m)	huidvlek (de)	['hœʏt·vlɛk]
sinal (m) de nascença	moedervlek (de)	['mudər·vlɛk]
tatuagem (f)	tatoeage (de)	[tatu'aʒə]
cicatriz (f)	litteken (het)	['litekən]

63. Doenças

doença (f)	ziekte (de)	['ziktə]
estar doente	ziek zijn	[zik zɛjn]
saúde (f)	gezondheid (de)	[xə'zɔnthɛjt]
nariz (m) a escorrer	snotneus (de)	[snɔt'nøs]
amigdalite (f)	angina (de)	[an'xina]
constipação (f)	verkoudheid (de)	[vər'kauthɛjt]
constipar-se (vp)	verkouden raken	[vər'kaudən 'rakən]
bronquite (f)	bronchitis (de)	[brɔn'xitis]
pneumonia (f)	longontsteking (de)	['lɔŋ·ɔntstekiŋ]
gripe (f)	griep (de)	[xrip]
míope	bijziend	[bɛj'zint]
presbita	verziend	['vɛrzint]
estrabismo (m)	scheelheid (de)	['sxēlxɛjt]
estrábico	scheel	[sxēl]
catarata (f)	grauwe staar (de)	['xrauə stār]
glaucoma (m)	glaucoom (het)	[xlau'kōm]
AVC (m), apoplexia (f)	beroerte (de)	[bə'rurtə]
ataque (m) cardíaco	hartinfarct (het)	['hart·in'farkt]
enfarte (m) do miocárdio	myocardiaal infarct (het)	[miɔkardi'āl in'farkt]
paralisia (f)	verlamming (de)	[vər'lamiŋ]
paralisar (vt)	verlammen	[vər'lamən]
alergia (f)	allergie (de)	[alɛr'xi]
asma (f)	astma (de/het)	['astma]
diabetes (f)	diabetes (de)	[dia'betəs]
dor (f) de dentes	tandpijn (de)	['tand·pɛjn]
cárie (f)	tandbederf (het)	['tand·bə'dɛrf]
diarreia (f)	diarree (de)	[dia'rē]
prisão (f) de ventre	constipatie (de)	[kɔnsti'patsi]
desarranjo (m) intestinal	maagstoornis (de)	['māx·stōrnis]
intoxicação (f) alimentar	voedselvergiftiging (de)	['vudsəl·vər'xiftəxiŋ]
intoxicar-se	voedselvergiftiging oplopen	['vudsəl·vər'xiftəxiŋ 'ɔplɔpən]
artrite (f)	artritis (de)	[ar'tritis]
raquitismo (m)	rachitis (de)	[ra'xitis]
reumatismo (m)	reuma (het)	['røma]
arteriosclerose (f)	arteriosclerose (de)	[artɛriɔskle'rɔzə]
gastrite (f)	gastritis (de)	[xas'tritis]
apendicite (f)	blindedarmontsteking (de)	[blində'darm ɔntstɛkiŋ]
colecistite (f)	galblaasontsteking (de)	['xalblaxāns·ɔnt'stɛkiŋ]

úlcera (f)	zweer (de)	[zwēr]
sarampo (m)	mazelen	['mazelən]
rubéola (f)	rodehond (de)	['rodəhɔnt]
iterícia (f)	geelzucht (de)	['xēlzʉht]
hepatite (f)	leverontsteking (de)	['levər ɔnt'stekiŋ]

esquizofrenia (f)	schizofrenie (de)	[sxitsɔfrə'ni]
raiva (f)	dolheid (de)	['dɔlhɛjt]
neurose (f)	neurose (de)	['nø'rɔzə]
comoção (f) cerebral	hersenschudding (de)	['hɛrsən·sxjudiŋ]

cancro (m)	kanker (de)	['kankər]
esclerose (f)	sclerose (de)	[skle'rɔzə]
esclerose (f) múltipla	multiple sclerose (de)	['mʉltiplə skle'rɔzə]

alcoolismo (m)	alcoholisme (het)	[alkɔhɔ'lismə]
alcoólico (m)	alcoholicus (de)	[alkɔ'hɔlikʉs]
sífilis (f)	syfilis (de)	['sifilis]
SIDA (f)	AIDS (de)	[ets]

tumor (m)	tumor (de)	['tʉmɔr]
maligno	kwaadaardig	['kwāt·'ārdəx]
benigno	goedaardig	[xu'tārdəx]

febre (f)	koorts (de)	[kõrts]
malária (f)	malaria (de)	[ma'laria]
gangrena (f)	gangreen (het)	[xanx'rēn]
enjoo (m)	zeeziekte (de)	[zē·'ziktə]
epilepsia (f)	epilepsie (de)	[ɛpilɛp'si]

epidemia (f)	epidemie (de)	[ɛpidə'mi]
tifo (m)	tyfus (de)	['tifʉs]
tuberculose (f)	tuberculose (de)	[tʉbərkʉ'lɔzə]
cólera (f)	cholera (de)	['xɔlera]
peste (f)	pest (de)	[pɛst]

64. Simtomas. Tratamentos. Parte 1

sintoma (m)	symptoom (het)	[simp'tõm]
temperatura (f)	temperatuur (de)	[tɛmpəra'tūr]
febre (f)	verhoogde temperatuur (de)	[vər'hõxtə tɛmpəra'tūr]
pulso (m)	polsslag (de)	['pɔls·slax]

vertigem (f)	duizeling (de)	['dœyzəliŋ]
quente (testa, etc.)	heet	[hēt]
calafrio (m)	koude rillingen	['kaudə 'riliŋən]
pálido	bleek	[blēk]
tosse (f)	hoest (de)	[hust]
tossir (vi)	hoesten	['hustən]

espirrar (vi)	niezen	['nizən]
desmaio (m)	flauwte (de)	['flautə]
desmaiar (vi)	flauwvallen	['flauvalən]

nódoa (f) negra	blauwe plek (de)	['blauə plɛk]
galo (m)	buil (de)	['bœyl]
magoar-se (vp)	zich stoten	[zix 'stɔtən]
pisadura (f)	kneuzing (de)	['knøziŋ]
aleijar-se (vp)	kneuzen	['knøzən]

coxear (vi)	hinken	['hinkən]
deslocação (f)	verstuiking (de)	[vər'stœykiŋ]
deslocar (vt)	verstuiken	[vər'stœykən]
fratura (f)	breuk (de)	['brøk]
fraturar (vt)	een breuk oplopen	[en 'brøk 'ɔplɔpən]

corte (m)	snijwond (de)	['snɛj·wɔnt]
cortar-se (vp)	zich snijden	[zix snɛjdən]
hemorragia (f)	bloeding (de)	['bludiŋ]

| queimadura (f) | brandwond (de) | ['brant·wɔnt] |
| queimar-se (vp) | zich branden | [zix 'brandən] |

picar (vt)	prikken	['prikən]
picar-se (vp)	zich prikken	[zix 'prikən]
lesionar (vt)	blesseren	[blɛ'serən]
lesão (m)	blessure (de)	[blɛ'surə]
ferida (f), ferimento (m)	wond (de)	[wɔnt]
trauma (m)	trauma (het)	['trauma]

delirar (vi)	ijlen	['ɛjlən]
gaguejar (vi)	stotteren	['stɔtɛrən]
insolação (f)	zonnesteek (de)	['zɔnə·stēk]

65. Simtomas. Tratamentos. Parte 2

| dor (f) | pijn (de) | [pɛjn] |
| farpa (no dedo) | splinter (de) | ['splintər] |

suor (m)	zweet (het)	['zwēt]
suar (vi)	zweten	['zwetən]
vómito (m)	braking (de)	['brakiŋ]
convulsões (f pl)	stuiptrekkingen	['stœyp·'trɛkiŋən]

grávida	zwanger	['zwaŋər]
nascer (vi)	geboren worden	[xə'bɔrən 'wɔrdən]
parto (m)	geboorte (de)	[xə'bōrtə]
dar â luz	baren	['barən]
aborto (m)	abortus (de)	[a'bɔrtʉs]
respiração (f)	ademhaling (de)	['adəmhaliŋ]

inspiração (f)	inademing (de)	['inademiŋ]
expiração (f)	uitademing (de)	['œʏtademiŋ]
expirar (vi)	uitademen	['œʏtademən]
inspirar (vi)	inademen	['inademən]

inválido (m)	invalide (de)	[inva'lidə]
aleijado (m)	gehandicapte (de)	[hə'handikaptə]
toxicodependente (m)	drugsverslaafde (de)	['drʉks·vər'slāfdə]

surdo	doof	[dōf]
mudo	stom	[stɔm]
surdo-mudo	doofstom	[dōf·'stɔm]

louco (adj.)	krankzinnig	[kraŋk'sinəx]
louco (m)	krankzinnige (de)	[kraŋk'sinəxə]
louca (f)	krankzinnige (de)	[kraŋk'sinəxə]
ficar louco	krankzinnig worden	[kraŋk'sinəx 'wɔrdən]

gene (m)	gen (het)	[xen]
imunidade (f)	immuniteit (de)	[imʉni'tɛjt]
hereditário	erfelijk	['ɛrfələk]
congénito	aangeboren	['ānxəbɔrən]

vírus (m)	virus (het)	['virʉs]
micróbio (m)	microbe (de)	[mik'rɔbə]
bactéria (f)	bacterie (de)	[bak'teri]
infeção (f)	infectie (de)	[in'fɛksi]

66. Simtomas. Tratamentos. Parte 3

| hospital (m) | ziekenhuis (het) | ['zikən·hœʏs] |
| paciente (m) | patiënt (de) | [pasi'ent] |

diagnóstico (m)	diagnose (de)	[diax'nɔzə]
cura (f)	genezing (de)	[xə'neziŋ]
tratamento (m) médico	medische behandeling (de)	['mɛdisə bə'handəliŋ]

curar-se (vp)	onder behandeling zijn	['ɔndər bə'handəliŋ zɛjn]
tratar (vt)	behandelen	[bə'handələn]
cuidar (pessoa)	zorgen	['zɔrxən]
cuidados (m pl)	ziekenzorg (de)	['zikən·zɔrx]

operação (f)	operatie (de)	[ɔpe'ratsi]
pôr uma ligadura	verbinden	[vər'bindən]
ligadura (f)	verband (het)	[vər'bant]

vacinação (f)	vaccin (het)	[vaksən]
vacinar (vt)	inenten	['inɛntən]
injeção (f)	injectie (de)	[inj'eksi]
dar uma injeção	een injectie geven	[ɛn inj'eksi 'xɛvən]

ataque (~ de asma, etc.)	aanval (de)	['ānval]
amputação (f)	amputatie (de)	[ampʉ'tatsi]
amputar (vt)	amputeren	[ampʉ'terən]
coma (m)	coma (het)	['kɔma]
estar em coma	in coma liggen	[in 'kɔma 'lixən]
reanimação (f)	intensieve zorg, ICU (de)	[intən'sivə zɔrx], [isɛ'ju]

recuperar-se (vp)	zich herstellen	[zix hɛr'ʃtɛlən]
estado (~ de saúde)	toestand (de)	['tustant]
consciência (f)	bewustzijn (het)	[bə'wʉstsɛjn]
memória (f)	geheugen (het)	[xə'høxən]

tirar (vt)	trekken	['trɛkən]
chumbo (m), obturação (f)	vulling (de)	['vʉliŋ]
chumbar, obturar (vt)	vullen	['vʉlən]

hipnose (f)	hypnose (de)	['hipnɔzə]
hipnotizar (vt)	hypnotiseren	[hipnɔti'zerən]

67. Medicina. Drogas. Acessórios

medicamento (m)	geneesmiddel (het)	[xə'nēsmidəl]
remédio (m)	middel (het)	['midəl]
receitar (vt)	voorschrijven	['vōrsxrɛjvən]
receita (f)	recept (het)	[re'sɛpt]

comprimido (m)	tablet (de/het)	[tab'lɛt]
pomada (f)	zalf (de)	[zalf]
ampola (f)	ampul (de)	[am'pʉl]
preparado (m)	drank (de)	[drank]
xarope (m)	siroop (de)	[si'rōp]
cápsula (f)	pil (de)	[pil]
remédio (m) em pó	poeder (de/het)	['pudər]

ligadura (f)	verband (het)	[vər'bant]
algodão (m)	watten	['watən]
iodo (m)	jodium (het)	['jodijum]
penso (m) rápido	pleister (de)	['plɛjstər]
conta-gotas (f)	pipet (de)	[pi'pɛt]
termómetro (m)	thermometer (de)	['tɛrmɔmetər]
seringa (f)	spuit (de)	['spœʏt]

cadeira (m) de rodas	rolstoel (de)	['rɔl·stul]
muletas (f pl)	krukken	['krʉkən]

analgésico (m)	pijnstiller (de)	['pɛjn·stilər]
laxante (m)	laxeermiddel (het)	[la'ksēr·midəl]
álcool (m) etílico	spiritus (de)	['spiritʉs]
ervas (f pl) medicinais	medicinale kruiden	[mɛdisi'nalə krœʏdən]
de ervas (chá ~)	kruiden-	['krœʏdən]

APARTAMENTO

T&P Books Publishing

68. Apartamento

apartamento (m)	appartement (het)	[apartə'mɛnt]
quarto (m)	kamer (de)	['kamər]
quarto (m) de dormir	slaapkamer (de)	['slāp·kamər]
sala (f) de jantar	eetkamer (de)	[ēt·'kamər]
sala (f) de estar	salon (de)	[sa'lɔn]
escritório (m)	studeerkamer (de)	[stu'dēr·'kamər]

antessala (f)	gang (de)	[xaŋ]
quarto (m) de banho	badkamer (de)	['bat·kamər]
quarto (m) de banho	toilet (het)	[tua'lɛt]

teto (m)	plafond (het)	[pla'fɔnt]
chão, soalho (m)	vloer (de)	[vlur]
canto (m)	hoek (de)	[huk]

69. Mobiliário. Interior

mobiliário (m)	meubels	['møbəl]
mesa (f)	tafel (de)	['tafəl]
cadeira (f)	stoel (de)	[stul]
cama (f)	bed (het)	[bɛt]
divã (m)	bankstel (het)	['bankstəl]
cadeirão (m)	fauteuil (de)	[fɔ'tøj]

biblioteca (f)	boekenkast (de)	['bukən·kast]
prateleira (f)	boekenrek (het)	['bukən·rɛk]

guarda-vestidos (m)	kledingkast (de)	['klediŋ·kast]
cabide (m) de parede	kapstok (de)	['kapstɔk]
cabide (m) de pé	staande kapstok (de)	['stāndə 'kapstɔk]

cómoda (f)	commode (de)	[kɔ'mɔdə]
mesinha (f) de centro	salontafeltje (het)	[sa'lɔn·'tafəltʃə]

espelho (m)	spiegel (de)	['spixəl]
tapete (m)	tapijt (het)	[ta'pɛjt]
tapete (m) pequeno	tapijtje (het)	[ta'pɛjtʃə]

lareira (f)	haard (de)	[hārt]
vela (f)	kaars (de)	[kārs]
castiçal (m)	kandelaar (de)	['kandəlār]
cortinas (f pl)	gordijnen	[xɔr'dɛjnən]

| papel (m) de parede | behang (het) | [bə'haŋ] |
| estores (f pl) | jaloezie (de) | [jalu'zi] |

candeeiro (m) de mesa	bureaulamp (de)	[bɥ'rɔ·lamp]
candeeiro (m) de parede	wandlamp (de)	['want·lamp]
candeeiro (m) de pé	staande lamp (de)	['stãndə lamp]
lustre (m)	luchter (de)	['lɥxtər]

perna (da cadeira, etc.)	poot (de)	[põt]
braço (m)	armleuning (de)	[arm·'løniŋ]
costas (f pl)	rugleuning (de)	['rɥx·'løniŋ]
gaveta (f)	la (de)	[la]

70. Quarto de dormir

roupa (f) de cama	beddengoed (het)	['bɛdən·xut]
almofada (f)	kussen (het)	['kɥsən]
fronha (f)	kussenovertrek (de)	['kɥsən·'ɔvərtrɛk]
cobertor (m)	deken (de)	['dekən]
lençol (m)	laken (het)	['lakən]
colcha (f)	sprei (de)	[sprɛj]

71. Cozinha

cozinha (f)	keuken (de)	['køkən]
gás (m)	gas (het)	[xas]
fogão (m) a gás	gasfornuis (het)	[xas·fɔr'nœys]
fogão (m) elétrico	elektrisch fornuis (het)	[ɛ'lɛktris fɔr'nœys]
forno (m)	oven (de)	['ɔvən]
forno (m) de micro-ondas	magnetronoven (de)	['mahnətrɔn·'ɔvən]

frigorífico (m)	koelkast (de)	['kul·kast]
congelador (m)	diepvriezer (de)	[dip·'vrizər]
máquina (f) de lavar louça	vaatwasmachine (de)	['vãtwas·ma'ʃinə]

moedor (m) de carne	vleesmolen (de)	['vlēs·mɔlən]
espremedor (m)	vruchtenpers (de)	['vrɥxtən·pɛrs]
torradeira (f)	toaster (de)	['tõstər]
batedeira (f)	mixer (de)	['miksər]

máquina (f) de café	koffiemachine (de)	['kɔfi·ma'ʃinə]
cafeteira (f)	koffiepot (de)	['kɔfi·pɔt]
moinho (m) de café	koffiemolen (de)	['kɔfi·mɔlən]

chaleira (f)	fluitketel (de)	['flœyt·'ketəl]
bule (m)	theepot (de)	['tē·pɔt]
tampa (f)	deksel (de/het)	['dɛksəl]
coador (f) de chá	theezeefje (het)	['tē·zefjə]

colher (f)	lepel (de)	['lepəl]
colher (f) de chá	theelepeltje (het)	[tē·'lepəltʃə]
colher (f) de sopa	eetlepel (de)	[ēt·'lepəl]
garfo (m)	vork (de)	[vɔrk]
faca (f)	mes (het)	[mɛs]
louça (f)	vaatwerk (het)	['vātwɛrk]
prato (m)	bord (het)	[bɔrt]
pires (m)	schoteltje (het)	['sxɔteltʃə]
cálice (m)	likeurglas (het)	[li'kør·xlas]
copo (m)	glas (het)	[xlas]
chávena (f)	kopje (het)	['kɔpjə]
açucareiro (m)	suikerpot (de)	[sœykər·pɔt]
saleiro (m)	zoutvat (het)	['zaut·vat]
pimenteiro (m)	pepervat (het)	['pepər·vat]
manteigueira (f)	boterschaaltje (het)	['botər·'sxāltʃe]
panela (f)	pan (de)	[pan]
frigideira (f)	bakpan (de)	['bak·pan]
concha (f)	pollepel (de)	[pɔl·'lepəl]
passador (m)	vergiet (de/het)	[vər'xit]
bandeja (f)	dienblad (het)	['dinblat]
garrafa (f)	fles (de)	[fles]
boião (m) de vidro	glazen pot (de)	['xlazən pɔt]
lata (f)	blik (het)	[blik]
abridor (m) de garrafas	flesopener (de)	[fles·'ɔpənər]
abre-latas (m)	blikopener (de)	[blik·'ɔpənər]
saca-rolhas (m)	kurkentrekker (de)	['kurkən·'trɛkər]
filtro (m)	filter (de/het)	['filtər]
filtrar (vt)	filteren	['filtərən]
lixo (m)	huisvuil (het)	['hœysvœyl]
balde (m) do lixo	vuilnisemmer (de)	['vœylnis·'ɛmər]

72. Casa de banho

quarto (m) de banho	badkamer (de)	['bat·kamər]
água (f)	water (het)	['watər]
torneira (f)	kraan (de)	[krān]
água (f) quente	warm water (het)	[warm 'watər]
água (f) fria	koud water (het)	['kaut 'watər]
pasta (f) de dentes	tandpasta (de)	['tand·pasta]
escovar os dentes	tanden poetsen	['tandən 'putsən]
escova (f) de dentes	tandenborstel (de)	['tandən·'bɔrstəl]
barbear-se (vp)	zich scheren	[zix 'sxerən]

| espuma (f) de barbear | scheercrème (de) | [sxēr·krɛ:m] |
| máquina (f) de barbear | scheermes (het) | ['sxēr·mɛs] |

lavar (vt)	wassen	['wasən]
lavar-se (vp)	een bad nemen	[en bat 'nemən]
duche (m)	douche (de)	[duʃ]
tomar um duche	een douche nemen	[en duʃ 'nemən]

banheira (f)	bad (het)	[bat]
sanita (f)	toiletpot (de)	[tua'lɛt·pɔt]
lavatório (m)	wastafel (de)	['was·tafəl]

| sabonete (m) | zeep (de) | [zēp] |
| saboneteira (f) | zeepbakje (het) | ['zēp·bakjə] |

esponja (f)	spons (de)	[spɔns]
champô (m)	shampoo (de)	['ʃʌmpō]
toalha (f)	handdoek (de)	['handuk]
roupão (m) de banho	badjas (de)	['batjas]

lavagem (f)	was (de)	[was]
máquina (f) de lavar	wasmachine (de)	['was·ma'ʃinə]
lavar a roupa	de was doen	[də was dun]
detergente (m)	waspoeder (de)	['was·'pudər]

73. Eletrodomésticos

televisor (m)	televisie (de)	[telə'vizi]
gravador (m)	cassettespeler (de)	[ka'sɛtə·'spelər]
videogravador (m)	videorecorder (de)	['videɔ·re'kɔrdər]
rádio (m)	radio (de)	['radiɔ]
leitor (m)	speler (de)	['spelər]

projetor (m)	videoprojector (de)	['videɔ·prɔ'jektɔr]
cinema (m) em casa	home theater systeem (het)	[hɔm te'jatər si'stēm]
leitor (m) de DVD	DVD-speler (de)	[deve'de-'spelər]
amplificador (m)	versterker (de)	[vər'stɛrkər]
console (f) de jogos	spelconsole (de)	['spɛl·kɔn'sɔlə]

câmara (f) de vídeo	videocamera (de)	['videɔ·'kamərə]
máquina (f) fotográfica	fotocamera (de)	['fɔtɔ·'kamərə]
câmara (f) digital	digitale camera (de)	[dixi'talə 'kamərə]

aspirador (m)	stofzuiger (de)	['stɔf·zœyxər]
ferro (m) de engomar	strijkijzer (het)	['strɛjk·ɛjzər]
tábua (f) de engomar	strijkplank (de)	['strɛjk·plank]

| telefone (m) | telefoon (de) | [telə'fōn] |
| telemóvel (m) | mobieltje (het) | [mɔ'biltʃe] |

máquina (f) de escrever	**schrijfmachine (de)**	['sxrɛjf·ma'ʃinə]
máquina (f) de costura	**naaimachine (de)**	['nãj·ma'ʃinə]
microfone (m)	**microfoon (de)**	[mikrɔ'fõn]
auscultadores (m pl)	**koptelefoon (de)**	['kɔp·telə'fõn]
controlo remoto (m)	**afstandsbediening (de)**	['afstants·bə'diniŋ]
CD (m)	**CD (de)**	[se'de]
cassete (f)	**cassette (de)**	[ka'sɛtə]
disco (m) de vinil	**vinylplaat (de)**	[vi'nil·plãt]

T&P BOOKS

A TERRA. TEMPO

T&P Books Publishing

cosmos (m)	**kosmos (de)**	['kɔsmɔs]
cósmico	**kosmisch**	['kɔsmis]
espaço (m) cósmico	**kosmische ruimte (de)**	['kɔsmisə 'rœʏmtə]
mundo (m)	**wereld (de)**	['werəlt]
universo (m)	**heelal (het)**	[hē'lal]
galáxia (f)	**sterrenstelsel (het)**	['stɛrən·'stɛlsəl]
estrela (f)	**ster (de)**	[stɛr]
constelação (f)	**sterrenbeeld (het)**	['stɛrən·bēlt]
planeta (m)	**planeet (de)**	[pla'nēt]
satélite (m)	**satelliet (de)**	[satə'lit]
meteorito (m)	**meteoriet (de)**	[meteɔ'rit]
cometa (m)	**komeet (de)**	[kɔ'mēt]
asteroide (m)	**asteroïde (de)**	[aste'rɔidə]
órbita (f)	**baan (de)**	[bān]
girar (vi)	**draaien**	['drājən]
atmosfera (f)	**atmosfeer (de)**	[atmɔ'sfēr]
Sol (m)	**Zon (de)**	[zɔn]
Sistema (m) Solar	**zonnestelsel (het)**	['zɔnə·stɛlsəl]
eclipse (m) solar	**zonsverduistering (de)**	['zɔns·vər'dœʏsteriŋ]
Terra (f)	**Aarde (de)**	['ārdə]
Lua (f)	**Maan (de)**	[mān]
Marte (m)	**Mars (de)**	[mars]
Vénus (m)	**Venus (de)**	['venʉs]
Júpiter (m)	**Jupiter (de)**	[jupi'tɛr]
Saturno (m)	**Saturnus (de)**	[sa'tʉrnʉs]
Mercúrio (m)	**Mercurius (de)**	[mər'kʉrijus]
Urano (m)	**Uranus (de)**	[u'ranʉs]
Neptuno (m)	**Neptunus (de)**	[nep'tʉnʉs]
Plutão (m)	**Pluto (de)**	['plʉtɔ]
Via Láctea (f)	**Melkweg (de)**	['mɛlk·wɛx]
Ursa Maior (f)	**Grote Beer (de)**	['xrɔtə bēr]
Estrela Polar (f)	**Poolster (de)**	['pōlstər]
marciano (m)	**marsmannetje (het)**	['mars·'manɛtʃə]
extraterrestre (m)	**buitenaards wezen (het)**	['bœʏtən·ārts 'wezən]

alienígena (m)	bovenaards (het)	['bɔvən·ārts]
disco (m) voador	vliegende schotel (de)	['vlixəndə 'sxɔtəl]
nave (f) espacial	ruimtevaartuig (het)	['rœɣmtə·'vārtœɣx]
estação (f) orbital	ruimtestation (het)	['rœɣmtə·sta'tsjɔn]
lançamento (m)	start (de)	[start]
motor (m)	motor (de)	['mɔtɔr]
bocal (m)	straalpijp (de)	['strāl·pɛjp]
combustível (m)	brandstof (de)	['brandstɔf]
cabine (f)	cabine (de)	[ka'binə]
antena (f)	antenne (de)	[an'tɛnə]
vigia (f)	patrijspoort (de)	[pa'trɛjs·pōrt]
bateria (f) solar	zonnebatterij (de)	['zɔnə·batə'rɛj]
traje (m) espacial	ruimtepak (het)	['rœɣmtə·pak]
imponderabilidade (f)	gewichtloosheid (de)	[xə'wixtlō'shɛjt]
oxigénio (m)	zuurstof (de)	['zūrstɔf]
acoplagem (f)	koppeling (de)	['kɔpəliŋ]
fazer uma acoplagem	koppeling maken	['kɔpəliŋ 'makən]
observatório (m)	observatorium (het)	[ɔbsərva'tɔrijum]
telescópio (m)	telescoop (de)	[telə'skōp]
observar (vt)	waarnemen	['wārnemən]
explorar (vt)	exploreren	[ɛksplɔ'rerən]

75. A Terra

Terra (f)	Aarde (de)	['ārdə]
globo terrestre (Terra)	aardbol (de)	['ārd·bɔl]
planeta (m)	planeet (de)	[pla'nēt]
atmosfera (f)	atmosfeer (de)	[atmɔ'sfēr]
geografia (f)	aardrijkskunde (de)	['ārdrɛjkskɵndə]
natureza (f)	natuur (de)	[na'tūr]
globo (mapa esférico)	wereldbol (de)	['werəld·bɔl]
mapa (m)	kaart (de)	[kārt]
atlas (m)	atlas (de)	['atlas]
Europa (f)	Europa (het)	[ø'rɔpa]
Ásia (f)	Azië (het)	['āzijə]
África (f)	Afrika (het)	['afrika]
Austrália (f)	Australië (het)	[ɔu'straliə]
América (f)	Amerika (het)	[a'merika]
América (f) do Norte	Noord-Amerika (het)	[nōrd-a'merika]
América (f) do Sul	Zuid-Amerika (het)	['zœɣd-a'merika]

| Antártida (f) | Antarctica (het) | [an'tarktika] |
| Ártico (m) | Arctis (de) | ['arktis] |

76. Pontos cardeais

norte (m)	noorden (het)	['nõrdən]
para norte	naar het noorden	[nãr ət 'nõrdən]
no norte	in het noorden	[in ət 'nõrdən]
do norte	noordelijk	['nõrdələk]

sul (m)	zuiden (het)	['zœydən]
para sul	naar het zuiden	[nãr ət zœydən]
no sul	in het zuiden	[in ət 'zœydən]
do sul	zuidelijk	['zœydələk]

oeste, ocidente (m)	westen (het)	['wɛstən]
para oeste	naar het westen	[nãr ət 'wɛstən]
no oeste	in het westen	[in ət 'wɛstən]
ocidental	westelijk	['wɛstələk]

leste, oriente (m)	oosten (het)	['õstən]
para leste	naar het oosten	[nãr ət 'õstən]
no leste	in het oosten	[in ət 'õstən]
oriental	oostelijk	['õstələk]

77. Mar. Oceano

mar (m)	zee (de)	[zē]
oceano (m)	oceaan (de)	[ɔse'ān]
golfo (m)	golf (de)	[xɔlf]
estreito (m)	straat (de)	[strãt]

terra (f) firme	grond (de)	['xrɔnt]
continente (m)	continent (het)	[kɔnti'nɛnt]
ilha (f)	eiland (het)	['ɛjlant]
península (f)	schiereiland (het)	['sxir·ɛjlant]
arquipélago (m)	archipel (de)	[arxipɛl]

baía (f)	baai, bocht (de)	[bãj], [bɔxt]
porto (m)	haven (de)	['havən]
lagoa (f)	lagune (de)	[la'xʉnə]
cabo (m)	kaap (de)	[kãp]

atol (m)	atol (de)	[a'tɔl]
recife (m)	rif (het)	[rif]
coral (m)	koraal (het)	[kɔ'rāl]
recife (m) de coral	koraalrif (het)	[kɔ'rāl·rif]
profundo	diep	[dip]

profundidade (f)	diepte (de)	['diptə]
abismo (m)	diepzee (de)	[dip·zē]
fossa (f) oceânica	trog (de)	[trɔx]

| corrente (f) | stroming (de) | ['strɔmiŋ] |
| banhar (vt) | omspoelen | ['ɔmspulən] |

| litoral (m) | oever (de) | ['uvər] |
| costa (f) | kust (de) | [kʉst] |

maré (f) alta	vloed (de)	['vlut]
maré (f) baixa	eb (de)	[ɛb]
restinga (f)	ondiepte (de)	[ɔn'diptə]
fundo (m)	bodem (de)	['bɔdəm]

onda (f)	golf (de)	[xɔlf]
crista (f) da onda	golfkam (de)	['xɔlfkam]
espuma (f)	schuim (het)	['sxœʏm]

tempestade (f)	storm (de)	[stɔrm]
furacão (m)	orkaan (de)	[ɔr'kān]
tsunami (m)	tsunami (de)	[tsʉ'nami]
calmaria (f)	windstilte (de)	['wind·stiltə]
calmo	kalm	[kalm]

| polo (m) | pool (de) | [pōl] |
| polar | polair | [pɔ'lɛr] |

latitude (f)	breedtegraad (de)	['brētə·xrāt]
longitude (f)	lengtegraad (de)	['lɛŋtə·xrāt]
paralela (f)	parallel (de)	[para'lɛl]
equador (m)	evenaar (de)	['ɛvənār]

céu (m)	hemel (de)	['heməl]
horizonte (m)	horizon (de)	['hɔrizɔn]
ar (m)	lucht (de)	[lʉxt]

farol (m)	vuurtoren (de)	['vʉr·tɔrən]
mergulhar (vi)	duiken	['dœʏkən]
afundar-se (vp)	zinken	['zinkən]
tesouros (m pl)	schatten	['sxatən]

78. Nomes de Mares e Oceanos

Oceano (m) Atlântico	Atlantische Oceaan (de)	[at'lantisə ɔse'ān]
Oceano (m) Índico	Indische Oceaan (de)	['indisə ɔse'ān]
Oceano (m) Pacífico	Stille Oceaan (de)	['stilə ɔse'ān]
Oceano (m) Ártico	Noordelijke IJszee (de)	['nōrdələkə 'ɛjs·zē]
Mar (m) Negro	Zwarte Zee (de)	['zwartə zē]
Mar (m) Vermelho	Rode Zee (de)	['rɔdə zē]

| Mar (m) Amarelo | Gele Zee (de) | ['xelə zē] |
| Mar (m) Branco | Witte Zee (de) | ['witə zē] |

Mar (m) Cáspio	Kaspische Zee (de)	['kaspisə zē]
Mar (m) Morto	Dode Zee (de)	['dɔdə zē]
Mar (m) Mediterrâneo	Middellandse Zee (de)	['midəlandsə zē]

| Mar (m) Egeu | Egeïsche Zee (de) | [ɛ'xejsə zē] |
| Mar (m) Adriático | Adriatische Zee (de) | [adri'atisə zē] |

Mar (m) Arábico	Arabische Zee (de)	[a'rabisə zē]
Mar (m) do Japão	Japanse Zee (de)	[ja'pansə zē]
Mar (m) de Bering	Beringzee (de)	['beriŋ·zē]
Mar (m) da China Meridional	Zuid-Chinese Zee (de)	['zœyd-ʃi'nesə zē]

Mar (m) de Coral	Koraalzee (de)	[kɔ'rāl·zē]
Mar (m) de Tasman	Tasmanzee (de)	['tasman·zē]
Mar (m) do Caribe	Caribische Zee (de)	[ka'ribisə zē]

| Mar (m) de Barents | Barentszzee (de) | ['barənts·zē] |
| Mar (m) de Kara | Karische Zee (de) | ['karisə zē] |

Mar (m) do Norte	Noordzee (de)	['nōrd·zē]
Mar (m) Báltico	Baltische Zee (de)	['baltisə zē]
Mar (m) da Noruega	Noorse Zee (de)	['nōrsə zē]

79. Montanhas

montanha (f)	berg (de)	[bɛrx]
cordilheira (f)	bergketen (de)	['bɛrx·'ketən]
serra (f)	gebergte (het)	[xə'bɛrxtə]

cume (m)	bergtop (de)	['bɛrx·tɔp]
pico (m)	bergpiek (de)	['bɛrx·pik]
sopé (m)	voet (de)	[vut]
declive (m)	helling (de)	['heliŋ]

vulcão (m)	vulkaan (de)	[vʉl'kān]
vulcão (m) ativo	actieve vulkaan (de)	[ak'tivə vʉl'kān]
vulcão (m) extinto	uitgedoofde vulkaan (de)	['œytxədōfdə vyl'kān]

erupção (f)	uitbarsting (de)	['œytbarstiŋ]
cratera (f)	krater (de)	['kratər]
magma (m)	magma (het)	['maxma]
lava (f)	lava (de)	['lava]
fundido (lava ~a)	gloeiend	['xlʉjənt]

| desfiladeiro (m) | kloof (de) | [klōf] |
| garganta (f) | bergkloof (de) | ['bɛrx·klōf] |

fenda (f)	**spleet (de)**	[splet]
precipício (m)	**afgrond (de)**	['afxrɔnt]
passo, colo (m)	**bergpas (de)**	['bɛrx·pas]
planalto (m)	**plateau (het)**	[pla'tɔ]
falésia (f)	**klip (de)**	[klip]
colina (f)	**heuvel (de)**	['høvəl]
glaciar (m)	**gletsjer (de)**	['xletʃər]
queda (f) d'água	**waterval (de)**	['watər·val]
géiser (m)	**geiser (de)**	['xɛjzər]
lago (m)	**meer (het)**	[mēr]
planície (f)	**vlakte (de)**	['vlaktə]
paisagem (f)	**landschap (het)**	['landsxap]
eco (m)	**echo (de)**	['ɛxɔ]
alpinista (m)	**alpinist (de)**	[alpi'nist]
escalador (m)	**bergbeklimmer (de)**	['bɛrx·bə'klimər]
conquistar (vt)	**trotseren**	[trɔ'tserən]
subida, escalada (f)	**beklimming (de)**	[bə'klimiŋ]

80. Nomes de montanhas

Alpes (m pl)	**Alpen (de)**	['alpən]
monte Branco (m)	**Mont Blanc (de)**	[mɔn blan]
Pirineus (m pl)	**Pyreneeën (de)**	[pirə'nēən]
Cárpatos (m pl)	**Karpaten (de)**	[kar'patən]
montes (m pl) Urais	**Oeralgebergte (het)**	[ural·xə'bɛrxtə]
Cáucaso (m)	**Kaukasus (de)**	[kau'kazʉs]
Elbrus (m)	**Elbroes (de)**	[ɛlb'rus]
Altai (m)	**Altaj (de)**	[al'taj]
Tian Shan (m)	**Tiensjan (de)**	[ti'ençan]
Pamir (m)	**Pamir (de)**	[pa'mir]
Himalaias (m pl)	**Himalaya (de)**	[hima'laja]
monte (m) Everest	**Everest (de)**	['ɛverɛst]
Cordilheira (f) dos Andes	**Andes (de)**	['andɛs]
Kilimanjaro (m)	**Kilimanjaro (de)**	[kiliman'dʒarɔ]

81. Rios

rio (m)	**rivier (de)**	[ri'vir]
fonte, nascente (f)	**bron (de)**	[brɔn]
leito (m) do rio	**rivierbedding (de)**	[ri'vir·'bɛdiŋ]
bacia (f)	**rivierbekken (het)**	[ri'vir·'bɛkən]

desaguar no ...	uitmonden in ...	['œytmɔndən in]
afluente (m)	zijrivier (de)	[zɛj·ri'vir]
margem (do rio)	oever (de)	['uvər]
corrente (f)	stroming (de)	['strɔmiŋ]
rio abaixo	stroomafwaarts	[strõm·'afwãrts]
rio acima	stroomopwaarts	[strõm·'ɔpwãrts]
inundação (f)	overstroming (de)	[ɔvər'strɔmiŋ]
cheia (f)	overstroming (de)	[ɔvər'strɔmiŋ]
transbordar (vi)	buiten zijn	['bœytən zɛjn
	oevers treden	'uvərs 'trɛdən]
inundar (vt)	overstromen	[ɔvər'strɔmən]
baixio (m)	zandbank (de)	['zant·bank]
rápidos (m pl)	stroomversnelling (de)	[strõm·vər'sneliŋ]
barragem (f)	dam (de)	[dam]
canal (m)	kanaal (het)	[ka'nãl]
reservatório (m) de água	spaarbekken (het)	['spãr·bɛkən]
esclusa (f)	sluis (de)	['slœys]
corpo (m) de água	waterlichaam (het)	['watər·'lixãm]
pântano (m)	moeras (het)	[mu'ras]
tremedal (m)	broek (het)	[bruk]
remoinho (m)	draaikolk (de)	['drãj·kɔlk]
arroio, regato (m)	stroom (de)	[strõm]
potável	drink-	[drink]
doce (água)	zoet	[zut]
gelo (m)	ijs (het)	[ɛjs]
congelar-se (vp)	bevriezen	[bə'vrizən]

82. Nomes de rios

rio Sena (m)	Seine (de)	['sɛjnə]
rio Loire (m)	Loire (de)	[lu'arə]
rio Tamisa (m)	Theems (de)	['tɛjms]
rio Reno (m)	Rijn (de)	['rɛjn]
rio Danúbio (m)	Donau (de)	['dɔnau]
rio Volga (m)	Wolga (de)	['wɔlxa]
rio Don (m)	Don (de)	[dɔn]
rio Lena (m)	Lena (de)	['lena]
rio Amarelo (m)	Gele Rivier (de)	['xelə ri'vir]
rio Yangtzé (m)	Blauwe Rivier (de)	['blauə ri'vir]
rio Mekong (m)	Mekong (de)	[me'kɔŋ]

rio Ganges (m)	Ganges (de)	['xaŋəs]
rio Nilo (m)	Nijl (de)	['nɛjl]
rio Congo (m)	Kongo (de)	['kɔnxɔ]
rio Cubango (m)	Okavango (de)	[ɔka'vanxɔ]
rio Zambeze (m)	Zambezi (de)	[zam'bezi]
rio Limpopo (m)	Limpopo (de)	[lim'pɔpɔ]
rio Mississipi (m)	Mississippi (de)	[misi'sipi]

83. Floresta

floresta (f), bosque (m)	bos (het)	[bɔs]
florestal	bos-	[bɔs]
mata (f) cerrada	oerwoud (het)	['urwaut]
arvoredo (m)	bosje (het)	['bɔɕə]
clareira (f)	open plek (de)	['ɔpən plek]
matagal (f)	struikgewas (het)	['strœʏk·xə'was]
mato (m)	struiken	['strœʏkən]
vereda (f)	paadje (het)	['pādjə]
ravina (f)	ravijn (het)	[ra'vɛjn]
árvore (f)	boom (de)	[bōm]
folha (f)	blad (het)	[blat]
folhagem (f)	gebladerte (het)	[xə'bladərtə]
queda (f) das folha	vallende bladeren	['valəndə 'bladerən]
cair (vi)	vallen	['valən]
topo (m)	boomtop (de)	['bōm·tɔp]
ramo (m)	tak (de)	[tak]
galho (m)	ent (de)	[ɛnt]
botão, rebento (m)	knop (de)	[knɔp]
agulha (f)	naald (de)	[nālt]
pinha (f)	dennenappel (de)	['dɛnən·'apəl]
buraco (m) de árvore	boom holte (de)	[bōm 'hɔltə]
ninho (m)	nest (het)	[nɛst]
toca (f)	hol (het)	[hɔl]
tronco (m)	stam (de)	[stam]
raiz (f)	wortel (de)	['wɔrtəl]
casca (f) de árvore	schors (de)	[sxɔrs]
musgo (m)	mos (het)	[mɔs]
arrancar pela raiz	ontwortelen	[ɔnt'wɔrtələn]
cortar (vt)	kappen	['kapən]
desflorestar (vt)	ontbossen	[ɔn'bɔsən]
toco, cepo (m)	stronk (de)	[strɔnk]

fogueira (f)	kampvuur (het)	['kampv‿ur]
incêndio (m) florestal	bosbrand (de)	['bɔs·brant]
apagar (vt)	blussen	['blʉsən]

guarda-florestal (m)	boswachter (de)	[bɔs·'waxtər]
proteção (f)	bescherming (de)	[bə'sxɛrmiŋ]
proteger (a natureza)	beschermen	[bə'sxɛrmən]
caçador (m) furtivo	stroper (de)	['strɔpər]
armadilha (f)	val (de)	[val]

colher (cogumelos, bagas)	plukken	['plʉkən]
perder-se (vp)	verdwalen	[vərd'walən]
	(de weg kwijt zijn)	

84. Recursos naturais

recursos (m pl) naturais	natuurlijke rijkdommen	[na'tʉrləkə 'rɛjkdɔmən]
minerais (m pl)	delfstoffen	['dɛlfstɔfən]
depósitos (m pl)	lagen	['laxən]
jazida (f)	veld (het)	[vɛlt]

extrair (vt)	winnen	['winən]
extração (f)	winning (de)	['winiŋ]
minério (m)	erts (het)	[ɛrts]
mina (f)	mijn (de)	[mɛjn]
poço (m) de mina	mijnschacht (de)	['mɛjn·sxaxt]
mineiro (m)	mijnwerker (de)	['mɛjn·wɛrkər]

| gás (m) | gas (het) | [xas] |
| gasoduto (m) | gasleiding (de) | [xas·'lɛjdiŋ] |

petróleo (m)	olie (de)	['ɔli]
oleoduto (m)	olieleiding (de)	['ɔli·'lɛjdiŋ]
poço (m) de petróleo	oliebron (de)	['ɔli·brɔn]
torre (f) petrolífera	boortoren (de)	[bōr·'tɔrən]
petroleiro (m)	tanker (de)	['tankər]

areia (f)	zand (het)	[zant]
calcário (m)	kalksteen (de)	['kalkstēn]
cascalho (m)	grind (het)	[xrint]
turfa (f)	veen (het)	[vēn]
argila (f)	klei (de)	[klɛj]
carvão (m)	steenkool (de)	['stēn·kōl]

ferro (m)	ijzer (het)	['ɛjzər]
ouro (m)	goud (het)	['xaut]
prata (f)	zilver (het)	['zilvər]
níquel (m)	nikkel (het)	['nikəl]
cobre (m)	koper (het)	['kɔpər]
zinco (m)	zink (het)	[zink]

manganês (m)	mangaan (het)	[man'xān]
mercúrio (m)	kwik (het)	['kwik]
chumbo (m)	lood (het)	[lōt]

mineral (m)	mineraal (het)	[minə'rāl]
cristal (m)	kristal (het)	[kris'tal]
mármore (m)	marmer (het)	['marmər]
urânio (m)	uraan (het)	[ju'rān]

85. Tempo

tempo (m)	weer (het)	[wēr]
previsão (f) do tempo	weersvoorspelling (de)	['wērs·vōr'spɛliŋ]
temperatura (f)	temperatuur (de)	[tɛmpəra'tūr]
termómetro (m)	thermometer (de)	['tɛrmɔmetər]
barómetro (m)	barometer (de)	['barɔ'metər]

húmido	vochtig	['vɔhtəx]
humidade (f)	vochtigheid (de)	['vɔhtixhɛjt]
calor (m)	hitte (de)	['hitə]
cálido	heet	[hēt]
está muito calor	het is heet	[ət is hēt]

| está calor | het is warm | [ət is warm] |
| quente | warm | [warm] |

| está frio | het is koud | [ət is 'kaut] |
| frio | koud | ['kaut] |

sol (m)	zon (de)	[zɔn]
brilhar (vi)	schijnen	['sxɛjnən]
de sol, ensolarado	zonnig	['zɔnɛx]
nascer (vi)	opgaan	['ɔpxān]
pôr-se (vp)	ondergaan	['ɔndərxān]

nuvem (f)	wolk (de)	[wɔlk]
nublado	bewolkt	[bə'wɔlkt]
nuvem (f) negra	regenwolk (de)	['rexən·wɔlk]
escuro, cinzento	somber	['sɔmbər]

chuva (f)	regen (de)	['rexən]
está a chover	het regent	[ət 'rexənt]
chuvoso	regenachtig	['rexənaxtəx]
chuviscar (vi)	motregenen	['mɔtrexənən]

chuva (f) torrencial	plensbui (de)	['plɛnsbœy]
chuvada (f)	stortbui (de)	['stɔrt·bœy]
forte (chuva)	hard	[hart]
poça (f)	plas (de)	[plas]
molhar-se (vp)	nat worden	[nat 'wɔrdən]

nevoeiro (m)	mist (de)	[mist]
de nevoeiro	mistig	['mistəx]
neve (f)	sneeuw (de)	[snēw]
está a nevar	het sneeuwt	[ət 'snēwt]

86. Tempo extremo. Catástrofes naturais

trovoada (f)	noodweer (het)	['nɔtwer]
relâmpago (m)	bliksem (de)	['bliksəm]
relampejar (vi)	flitsen	['flitsən]

trovão (m)	donder (de)	['dɔndər]
trovejar (vi)	donderen	['dɔndərən]
está a trovejar	het dondert	[ət 'dɔndərt]

| granizo (m) | hagel (de) | ['haxəl] |
| está a cair granizo | het hagelt | [ət 'haxəlt] |

| inundar (vt) | overstromen | [ɔvər'strɔmən] |
| inundação (f) | overstroming (de) | [ɔvər'strɔmiŋ] |

terremoto (m)	aardbeving (de)	['ārd·beviŋ]
abalo, tremor (m)	aardschok (de)	['ārd·sxɔk]
epicentro (m)	epicentrum (het)	[ɛpi'sɛntrʉm]

| erupção (f) | uitbarsting (de) | ['œytbarstiŋ] |
| lava (f) | lava (de) | ['lava] |

turbilhão (m)	wervelwind (de)	['wɛrvəl·vint]
tornado (m)	windhoos (de)	['windhōs]
tufão (m)	tyfoon (de)	[taj'fōn]

furacão (m)	orkaan (de)	[ɔr'kān]
tempestade (f)	storm (de)	[stɔrm]
tsunami (m)	tsunami (de)	[tsʉ'nami]

ciclone (m)	cycloon (de)	[si'klōn]
mau tempo (m)	onweer (het)	['ɔnwēr]
incêndio (m)	brand (de)	[brant]
catástrofe (f)	ramp (de)	[ramp]
meteorito (m)	meteoriet (de)	[meteɔ'rit]

avalanche (f)	lawine (de)	[la'winə]
deslizamento (f) de neve	sneeuwverschuiving (de)	['snēw·'fɛrsxœyviŋ]
nevasca (f)	sneeuwjacht (de)	['snēw·jaxt]
tempestade (f) de neve	sneeuwstorm (de)	['snēw·stɔrm]

T&P BOOKS

FAUNA

T&P Books Publishing

87. Mamíferos. Predadores

predador (m)	roofdier (het)	['rōf·dīr]
tigre (m)	tijger (de)	['tɛjxər]
leão (m)	leeuw (de)	[lēw]
lobo (m)	wolf (de)	[wɔlf]
raposa (f)	vos (de)	[vɔs]

jaguar (m)	jaguar (de)	['jaguar]
leopardo (m)	luipaard (de)	['lœɣpãrt]
chita (f)	jachtluipaard (de)	['jaxt·lœɣpãrt]

pantera (f)	panter (de)	['pantər]
puma (m)	poema (de)	['puma]
leopardo-das-neves (m)	sneeuwluipaard (de)	['snēw·lœɣpãrt]
lince (m)	lynx (de)	[links]

coiote (m)	coyote (de)	[kɔ'jot]
chacal (m)	jakhals (de)	['jakhals]
hiena (f)	hyena (de)	[hi'ena]

88. Animais selvagens

animal (m)	dier (het)	[dīr]
besta (f)	beest (het)	[bēst]

esquilo (m)	eekhoorn (de)	['ēkhōrn]
ouriço (m)	egel (de)	['exəl]
lebre (f)	haas (de)	[hãs]
coelho (m)	konijn (het)	[kɔ'nɛjn]

texugo (m)	das (de)	[das]
guaxinim (m)	wasbeer (de)	['wasbēr]
hamster (m)	hamster (de)	['hamstər]
marmota (f)	marmot (de)	[mar'mɔt]

toupeira (f)	mol (de)	[mɔl]
rato (m)	muis (de)	[mœys]
ratazana (f)	rat (de)	[rat]
morcego (m)	vleermuis (de)	['vlēr·mœys]

arminho (m)	hermelijn (de)	[hɛrmə'lɛjn]
zibelina (f)	sabeldier (het)	['sabəl·dīr]
marta (f)	marter (de)	['martər]

doninha (f)	**wezel (de)**	['wezəl]
vison (m)	**nerts (de)**	[nɛrts]
castor (m)	**bever (de)**	['bɛvər]
lontra (f)	**otter (de)**	['ɔtər]
cavalo (m)	**paard (het)**	[pãrt]
alce (m) americano	**eland (de)**	['ɛlant]
veado (m)	**hert (het)**	[hɛrt]
camelo (m)	**kameel (de)**	[ka'mēl]
bisão (m)	**bizon (de)**	[bi'zɔn]
auroque (m)	**oeros (de)**	['urɔs]
búfalo (m)	**buffel (de)**	['bʉfəl]
zebra (f)	**zebra (de)**	['zɛbra]
antílope (m)	**antilope (de)**	[anti'lɔpə]
corça (f)	**ree (de)**	[rē]
gamo (m)	**damhert (het)**	['damhɛrt]
camurça (f)	**gems (de)**	[xɛms]
javali (m)	**everzwijn (het)**	['ɛvər·zwɛjn]
baleia (f)	**walvis (de)**	['walvis]
foca (f)	**rob (de)**	[rɔb]
morsa (f)	**walrus (de)**	['walrʉs]
urso-marinho (m)	**zeehond (de)**	['zē·hɔnt]
golfinho (m)	**dolfijn (de)**	[dɔl'fɛjn]
urso (m)	**beer (de)**	[bēr]
urso (m) branco	**ijsbeer (de)**	['ɛjs·bēr]
panda (m)	**panda (de)**	['panda]
macaco (em geral)	**aap (de)**	[āp]
chimpanzé (m)	**chimpansee (de)**	[ʃimpan'sē]
orangotango (m)	**orang-oetan (de)**	[ɔ'raŋ-utaŋ]
gorila (m)	**gorilla (de)**	[xɔ'rila]
macaco (m)	**makaak (de)**	[ma'kāk]
gibão (m)	**gibbon (de)**	['xibɔn]
elefante (m)	**olifant (de)**	['ɔlifant]
rinoceronte (m)	**neushoorn (de)**	['nøshōrn]
girafa (f)	**giraffe (de)**	[xi'rafə]
hipopótamo (m)	**nijlpaard (het)**	['nɛjl·pãrt]
canguru (m)	**kangoeroe (de)**	['kanxəru]
coala (m)	**koala (de)**	[kɔ'ala]
mangusto (m)	**mangoest (de)**	[man'xust]
chinchila (f)	**chinchilla (de)**	[ʃin'ʃila]
doninha-fedorenta (f)	**stinkdier (het)**	['stink·dīr]
porco-espinho (m)	**stekelvarken (het)**	['stekəl·'varkən]

89. Animais domésticos

gata (f)	poes (de)	[pus]
gato (m) macho	kater (de)	['katər]
cavalo (m)	paard (het)	[pãrt]
garanhão (m)	hengst (de)	[hɛŋst]
égua (f)	merrie (de)	['mɛri]
vaca (f)	koe (de)	[ku]
touro (m)	stier (de)	[stir]
boi (m)	os (de)	[ɔs]
ovelha (f)	schaap (het)	[sxãp]
carneiro (m)	ram (de)	[ram]
cabra (f)	geit (de)	[xɛjt]
bode (m)	bok (de)	[bɔk]
burro (m)	ezel (de)	['ezəl]
mula (f)	muilezel (de)	[mœɣlezəl]
porco (m)	varken (het)	['varkən]
porquinho (m)	biggetje (het)	['bixətʃə]
coelho (m)	konijn (het)	[kɔ'nɛjn]
galinha (f)	kip (de)	[kip]
galo (m)	haan (de)	[hãn]
pato (m), pata (f)	eend (de)	[ēnt]
pato (macho)	woerd (de)	[wurt]
ganso (m)	gans (de)	[xans]
peru (m)	kalkoen haan (de)	[kal'kun hãn]
perua (f)	kalkoen (de)	[kal'kun]
animais (m pl) domésticos	huisdieren	['hœɣs·'dīrən]
domesticado	tam	[tam]
domesticar (vt)	temmen, tam maken	['tɛmən], [tam 'makən]
criar (vt)	fokken	['fɔkən]
quinta (f)	boerderij (de)	[burdə'rɛj]
aves (f pl) domésticas	gevogelte (het)	[xə'vɔxəltə]
gado (m)	rundvee (het)	['rʉntvē]
rebanho (m), manada (f)	kudde (de)	['kʉdə]
estábulo (m)	paardenstal (de)	['pãrdən·stal]
pocilga (f)	zwijnenstal (de)	['zwɛjnən·stal]
vacaria (m)	koeienstal (de)	['kujen·stal]
coelheira (f)	konijnenhok (het)	[kɔ'nɛjnən·hɔk]
galinheiro (m)	kippenhok (het)	['kipən·hɔk]

90. Pássaros

pássaro, ave (m)	vogel (de)	['vɔxəl]
pombo (m)	duif (de)	['dœyf]
pardal (m)	mus (de)	[mʉs]
chapim-real (m)	koolmees (de)	['kõlmēs]
pega-rabuda (f)	ekster (de)	['ɛkstər]

corvo (m)	raaf (de)	[rãf]
gralha (f) cinzenta	kraai (de)	[krãj]
gralha-de-nuca-cinzenta (f)	kauw (de)	['kau]
gralha-calva (f)	roek (de)	[ruk]

pato (m)	eend (de)	[ēnt]
ganso (m)	gans (de)	[xans]
faisão (m)	fazant (de)	[fa'zant]

águia (f)	arend (de)	['arənt]
açor (m)	havik (de)	['havik]
falcão (m)	valk (de)	[valk]
abutre (m)	gier (de)	[xir]
condor (m)	condor (de)	['kɔndɔr]

cisne (m)	zwaan (de)	[zwãn]
grou (m)	kraanvogel (de)	['krãn·vɔxəl]
cegonha (f)	ooievaar (de)	['õjevãr]

papagaio (m)	papegaai (de)	[papə'xãj]
beija-flor (m)	kolibrie (de)	[kɔ'libri]
pavão (m)	pauw (de)	['pau]

avestruz (f)	struisvogel (de)	['strœys·vɔxəl]
garça (f)	reiger (de)	['rɛjxər]
flamingo (m)	flamingo (de)	[fla'mingɔ]
pelicano (m)	pelikaan (de)	[peli'kãn]

rouxinol (m)	nachtegaal (de)	['nahtəxãl]
andorinha (f)	zwaluw (de)	['zwalʉv]

tordo-zornal (m)	lijster (de)	['lɛjstər]
tordo-músico (m)	zanglijster (de)	[zaŋ·'lɛjstər]
melro-preto (m)	merel (de)	['merəl]

andorinhão (m)	gierzwaluw (de)	[xirz'walʉw]
cotovia (f)	leeuwerik (de)	['lēwərik]
codorna (f)	kwartel (de)	['kwartəl]

pica-pau (m)	specht (de)	[spɛxt]
cuco (m)	koekoek (de)	['kukuk]
coruja (f)	uil (de)	['œyl]
corujão, bufo (m)	oehoe (de)	['uhu]

tetraz-grande (m)	auerhoen (het)	['auər·hun]
tetraz-lira (m)	korhoen (het)	['kɔrhun]
perdiz-cinzenta (f)	patrijs (de)	[pa'trɛjs]

estorninho (m)	spreeuw (de)	[sprēw]
canário (m)	kanarie (de)	[ka'nari]
galinha-do-mato (f)	hazelhoen (het)	['hazəlhun]
tentilhão (m)	vink (de)	[vink]
dom-fafe (m)	goudvink (de)	['xaudvink]

gaivota (f)	meeuw (de)	[mēw]
albatroz (m)	albatros (de)	[albatrɔs]
pinguim (m)	pinguïn (de)	['piŋgwin]

91. Peixes. Animais marinhos

brema (f)	brasem (de)	['brasəm]
carpa (f)	karper (de)	['karpər]
perca (f)	baars (de)	[bārs]
siluro (m)	meerval (de)	['mērval]
lúcio (m)	snoek (de)	[snuk]

| salmão (m) | zalm (de) | [zalm] |
| esturjão (m) | steur (de) | ['stør] |

arenque (m)	haring (de)	['hariŋ]
salmão (m)	atlantische zalm (de)	[at'lantisə zalm]
cavala (m), sarda (f)	makreel (de)	[ma'krēl]
solha (f)	platvis (de)	['platvis]

zander (m)	snoekbaars (de)	['snukbārs]
bacalhau (m)	kabeljauw (de)	[kabə'ljau]
atum (m)	tonijn (de)	[tɔ'nɛjn]
truta (f)	forel (de)	[fɔ'rɛl]

enguia (f)	paling (de)	[pa'liŋ]
raia elétrica (f)	sidderrog (de)	['sidər·rɔx]
moreia (f)	murene (de)	[mʉ'rɛnə]
piranha (f)	piranha (de)	[pi'ranja]

tubarão (m)	haai (de)	[hāj]
golfinho (m)	dolfijn (de)	[dɔl'fɛjn]
baleia (f)	walvis (de)	['walvis]

caranguejo (m)	krab (de)	[krab]
medusa, alforreca (f)	kwal (de)	['kwal]
polvo (m)	octopus (de)	['ɔktɔpʉs]

| estrela-do-mar (f) | zeester (de) | ['zē·stər] |
| ouriço-do-mar (m) | zee-egel (de) | [zē-'exəl] |

cavalo-marinho (m)	zeepaardje (het)	['zē·pārtjə]
ostra (f)	oester (de)	['ustər]
camarão (m)	garnaal (de)	[xar'nāl]
lavagante (m)	kreeft (de)	[krēft]
lagosta (f)	langoest (de)	[lan'xust]

92. Amfíbios. Répteis

| serpente, cobra (f) | slang (de) | [slaŋ] |
| venenoso | giftig | ['xiftəx] |

víbora (f)	adder (de)	['adər]
cobra-capelo, naja (f)	cobra (de)	['kɔbra]
piton (m)	python (de)	['pitɔn]
jiboia (f)	boa (de)	['bɔa]

cobra-de-água (f)	ringslang (de)	['riŋ·slaŋ]
cascavel (f)	ratelslang (de)	['ratəl·slaŋ]
anaconda (f)	anaconda (de)	[ana'kɔnda]

lagarto (m)	hagedis (de)	['haxədis]
iguana (f)	leguaan (de)	[lexʉ'ān]
varano (m)	varaan (de)	[va'rān]
salamandra (f)	salamander (de)	[sala'mandər]
camaleão (m)	kameleon (de)	[kamele'ɔn]
escorpião (m)	schorpioen (de)	[sxɔrpi'un]

tartaruga (f)	schildpad (de)	['sxildpat]
rã (f)	kikker (de)	['kikər]
sapo (m)	pad (de)	[pat]
crocodilo (m)	krokodil (de)	[krɔkɔ'dil]

93. Insetos

inseto (m)	insect (het)	[in'sɛkt]
borboleta (f)	vlinder (de)	['vlindər]
formiga (f)	mier (de)	[mir]
mosca (f)	vlieg (de)	[vlix]
mosquito (m)	mug (de)	[mʉx]
escaravelho (m)	kever (de)	['kevər]

vespa (f)	wesp (de)	[wɛsp]
abelha (f)	bij (de)	[bɛj]
zangão (m)	hommel (de)	['hɔməl]
moscardo (m)	horzel (de)	['hɔrsəl]

| aranha (f) | spin (de) | [spin] |
| teia (f) de aranha | spinnenweb (het) | ['spinən·wɛb] |

libélula (f)	libel (de)	[li'bɛl]
gafanhoto-do-campo (m)	sprinkhaan (de)	['sprinkhān]
traça (f)	nachtvlinder (de)	['naxt·'vlindər]

barata (f)	kakkerlak (de)	['kakərlak]
carraça (f)	teek (de)	[tēk]
pulga (f)	vlo (de)	[vlɔ]
borrachudo (m)	kriebelmug (de)	['kribəl·mʉx]

gafanhoto (m)	treksprinkhaan (de)	['trɛk·sprink'hān]
caracol (m)	slak (de)	[slak]
grilo (m)	krekel (de)	['krekəl]
pirilampo (m)	glimworm (de)	['xlim·wɔrm]
joaninha (f)	lieveheersbeestje (het)	[livə'hērs·'bestʃə]
besouro (m)	meikever (de)	['mɛjkəvər]

sanguessuga (f)	bloedzuiger (de)	['blud·zœɣxər]
lagarta (f)	rups (de)	[rʉps]
minhoca (f)	aardworm (de)	['ārd·wɔrm]
larva (f)	larve (de)	['larvə]

FLORA

T&P Books Publishing

94. Árvores

árvore (f)	boom (de)	[bõm]
decídua	loof-	[lõf]
conífera	dennen-	['dɛnən]
perene	groenblijvend	[xrun 'blɛjvənt]
macieira (f)	appelboom (de)	['apəl·bõm]
pereira (f)	perenboom (de)	['perən·bõm]
cerejeira (f)	zoete kers (de)	['zutə kɛrs]
ginjeira (f)	zure kers (de)	['zʉrə kɛrs]
ameixeira (f)	pruimelaar (de)	[prœymə·lãr]
bétula (f)	berk (de)	[bɛrk]
carvalho (m)	eik (de)	[ɛjk]
tília (f)	linde (de)	['lində]
choupo-tremedor (m)	esp (de)	[ɛsp]
bordo (m)	esdoorn (de)	['ɛsdõrn]
espruce-europeu (m)	spar (de)	[spar]
pinheiro (m)	den (de)	[dɛn]
alerce, lariço (m)	lariks (de)	['lariks]
abeto (m)	zilverspar (de)	['zilvər·spar]
cedro (m)	ceder (de)	['sedər]
choupo, álamo (m)	populier (de)	[pɔpʉ'lir]
tramazeira (f)	lijsterbes (de)	['lɛjstərbɛs]
salgueiro (m)	wilg (de)	[wilx]
amieiro (m)	els (de)	[ɛls]
faia (f)	beuk (de)	['bøk]
ulmeiro (m)	iep (de)	[jep]
freixo (m)	es (de)	[ɛs]
castanheiro (m)	kastanje (de)	[kas'tanjə]
magnólia (f)	magnolia (de)	[mah'nɔlija]
palmeira (f)	palm (de)	[palm]
cipreste (m)	cipres (de)	[sip'rɛs]
mangue (m)	mangrove (de)	[man'xrɔvə]
embondeiro, baobá (m)	baobab (de)	['baɔbap]
eucalipto (m)	eucalyptus (de)	[øka'liptʉs]
sequoia (f)	mammoetboom (de)	[ma'mut·bõm]

95. Arbustos

| arbusto (m) | struik (de) | ['strœʏk] |
| arbusto (m), moita (f) | heester (de) | ['hēstər] |

| videira (f) | wijnstok (de) | ['wɛjn·stɔk] |
| vinhedo (m) | wijngaard (de) | ['wɛjnxārt] |

framboeseira (f)	frambozenstruik (de)	[fram'bɔsən·'strœʏk]
groselheira-preta (f)	zwarte bes (de)	['zwartə bɛs]
groselheira-vermelha (f)	rode bessenstruik (de)	['rɔdə 'bɛsən·strœʏk]
groselheira (f) espinhosa	kruisbessenstruik (de)	['krœʏs·'bɛsənstrœʏk]

acácia (f)	acacia (de)	[a'kaɕia]
bérberis (f)	zuurbes (de)	['zūr·bɛs]
jasmim (m)	jasmijn (de)	[jas'mɛjn]

junípero (m)	jeneverbes (de)	[je'nɛvərbɛs]
roseira (f)	rozenstruik (de)	['rɔzən·strœʏk]
roseira (f) brava	hondsroos (de)	['hund·rōs]

96. Frutos. Bagas

fruta (f)	vrucht (de)	[vrʉxt]
frutas (f pl)	vruchten	['vrʉxtən]
maçã (f)	appel (de)	['apəl]
pera (f)	peer (de)	[pēr]
ameixa (f)	pruim (de)	['prœʏm]

morango (m)	aardbei (de)	['ārd·bɛj]
ginja (f)	zure kers (de)	['zʉrə kɛrs]
cereja (f)	zoete kers (de)	['zutə kɛrs]
uva (f)	druif (de)	[drœʏf]

framboesa (f)	framboos (de)	[fram'bōs]
groselha (f) preta	zwarte bes (de)	['zwartə bɛs]
groselha (f) vermelha	rode bes (de)	['rɔdə bɛs]
groselha (f) espinhosa	kruisbes (de)	['krœʏsbɛs]
oxicoco (m)	veenbes (de)	['vēnbɛs]

laranja (f)	sinaasappel (de)	['sināsapəl]
tangerina (f)	mandarijn (de)	[manda'rɛjn]
ananás (m)	ananas (de)	['ananas]
banana (f)	banaan (de)	[ba'nān]
tâmara (f)	dadel (de)	['dadəl]

limão (m)	citroen (de)	[si'trun]
damasco (m)	abrikoos (de)	[abri'kōs]
pêssego (m)	perzik (de)	['pɛrzik]

| kiwi (m) | kiwi (de) | ['kiwi] |
| toranja (f) | grapefruit (de) | ['grepfrut] |

baga (f)	bes (de)	[bɛs]
bagas (f pl)	bessen	['bɛsən]
arando (m) vermelho	vossenbes (de)	['vɔsənbɛs]
morango-silvestre (m)	bosaardbei (de)	[bɔs·ārdbɛj]
mirtilo (m)	bosbes (de)	['bɔsbɛs]

97. Flores. Plantas

| flor (f) | bloem (de) | [blum] |
| ramo (m) de flores | boeket (het) | [bu'kɛt] |

rosa (f)	roos (de)	[rōs]
tulipa (f)	tulp (de)	[tʉlp]
cravo (m)	anjer (de)	['anjer]
gladíolo (m)	gladiool (de)	[xladi'ōl]

centáurea (f)	korenbloem (de)	['kɔrənblum]
campânula (f)	klokje (het)	['klɔkjə]
dente-de-leão (m)	paardenbloem (de)	['pārdən·blum]
camomila (f)	kamille (de)	[ka'milə]

aloé (m)	aloë (de)	[a'lɔe]
cato (m)	cactus (de)	['kaktʉs]
fícus (m)	ficus (de)	['fikʉs]

lírio (m)	lelie (de)	['leli]
gerânio (m)	geranium (de)	[xə'ranijum]
jacinto (m)	hyacint (de)	[hia'sint]

mimosa (f)	mimosa (de)	[mi'mɔza]
narciso (m)	narcis (de)	[nar'sis]
capuchinha (f)	Oostindische kers (de)	[ōst 'indisə kɛrs]

orquídea (f)	orchidee (de)	[ɔrxi'dē]
peónia (f)	pioenroos (de)	[pi'un·rōs]
violeta (f)	viooltje (het)	[vi'jōltʃə]

amor-perfeito (m)	driekleurig viooltje (het)	[dri'klørəx vi'ōltʃə]
não-me-esqueças (m)	vergeet-mij-nietje (het)	[vər'xēt-mɛj-'nitʃə]
margarida (f)	madeliefje (het)	[madɛ'lifʲə]

papoula (f)	papaver (de)	[pa'pavər]
cânhamo (m)	hennep (de)	['hɛnəp]
hortelã (f)	munt (de)	[mʉnt]

| lírio-do-vale (m) | lelietje-van-dalen (het) | ['leljetʃe-van-'dalən] |
| campânula-branca (f) | sneeuwklokje (het) | ['snēw·'klɔkjə] |

urtiga (f)	brandnetel (de)	['brant·netəl]
azeda (f)	veldzuring (de)	[vɛlt·'tsʉriŋ]
nenúfar (m)	waterlelie (de)	['watər·leli]
feto (m), samambaia (f)	varen (de)	['varən]
líquen (m)	korstmos (het)	['kɔrstmɔs]

estufa (f)	oranjerie (de)	[ɔranʒɛ'ri]
relvado (m)	gazon (het)	[xa'zɔn]
canteiro (m) de flores	bloemperk (het)	['blum·pɛrk]

planta (f)	plant (de)	[plant]
erva (f)	gras (het)	[xras]
folha (f) de erva	grasspriet (de)	['xras·sprit]

folha (f)	blad (het)	[blat]
pétala (f)	bloemblad (het)	['blum·blat]
talo (m)	stengel (de)	['stɛŋəl]
tubérculo (m)	knol (de)	[knɔl]

broto, rebento (m)	scheut (de)	[sxøt]
espinho (m)	doorn (de)	[dõrn]

florescer (vi)	bloeien	['blujən]
murchar (vi)	verwelken	[vər'wɛlkən]
cheiro (m)	geur (de)	[xør]
cortar (flores)	snijden	['snɛjdən]
colher (uma flor)	plukken	['plʉkən]

98. Cereais, grãos

grão (m)	graan (het)	[xrān]
cereais (plantas)	graangewassen	['xrān·xɛ'wasən]
espiga (f)	aar (de)	[ār]

trigo (m)	tarwe (de)	['tarwə]
centeio (m)	rogge (de)	['rɔxə]
aveia (f)	haver (de)	['havər]

milho-miúdo (m)	gierst (de)	[xirst]
cevada (f)	gerst (de)	[xɛrst]

milho (m)	maïs (de)	[majs]
arroz (m)	rijst (de)	[rɛjst]
trigo-sarraceno (m)	boekweit (de)	['bukwɛjt]

ervilha (f)	erwt (de)	[ɛrt]
feijão (m)	boon (de)	[bõn]
soja (f)	soja (de)	['sɔja]
lentilha (f)	linze (de)	['linzə]
fava (f)	bonen	['bɔnən]

T&P BOOKS

PAÍSES DO MUNDO

T&P Books Publishing

Afeganistão (m)	**Afghanistan (het)**	[afˈxanistan]
África do Sul (f)	**Zuid-Afrika (het)**	[ˈzœyd-ˈafrika]
Albânia (f)	**Albanië (het)**	[alˈbaniə]
Alemanha (f)	**Duitsland (het)**	[ˈdœytslant]
Arábia (f) Saudita	**Saoedi-Arabië (het)**	[saˈudi-aˈrabiə]
Argentina (f)	**Argentinië (het)**	[arxɛnˈtiniə]
Arménia (f)	**Armenië (het)**	[arˈmeniə]
Austrália (f)	**Australië (het)**	[ɔuˈstraliə]
Áustria (f)	**Oostenrijk (het)**	[ˈõstənrɛjk]
Azerbaijão (m)	**Azerbeidzjan (het)**	[azərbejˈdʒan]
Bahamas (f pl)	**Bahama's**	[baˈhamas]
Bangladesh (m)	**Bangladesh (het)**	[banhlaˈdɛʃ]
Bélgica (f)	**België (het)**	[ˈbɛlxiə]
Bielorrússia (f)	**Wit-Rusland (het)**	[wit-ˈrʉslant]
Bolívia (f)	**Bolivia (het)**	[boˈlivia]
Bósnia e Herzegovina (f)	**Bosnië en Herzegovina (het)**	[ˈbɔsniə ən hɛrzəˈxovina]
Brasil (m)	**Brazilië (het)**	[braˈziliə]
Bulgária (f)	**Bulgarije (het)**	[bʉlxaˈrɛjə]
Camboja (f)	**Cambodja (het)**	[kamˈbɔdja]
Canadá (m)	**Canada (het)**	[ˈkanada]
Cazaquistão (m)	**Kazakstan (het)**	[kazakˈstan]
Chile (m)	**Chili (het)**	[ˈʃili]
China (f)	**China (het)**	[ˈʃina]
Chipre (m)	**Cyprus (het)**	[ˈsiprʉs]
Colômbia (f)	**Colombia (het)**	[kɔˈlombia]
Coreia do Norte (f)	**Noord-Korea (het)**	[nõrd-kɔˈrea]
Coreia do Sul (f)	**Zuid-Korea (het)**	[ˈzœyd-kɔˈrea]
Croácia (f)	**Kroatië (het)**	[krɔˈasiə]
Cuba (f)	**Cuba (het)**	[ˈkʉba]
Dinamarca (f)	**Denemarken (het)**	[ˈdenəmarkən]
Egito (m)	**Egypte (het)**	[ɛˈxiptə]
Emirados Árabes Unidos	**Verenigde Arabische Emiraten**	[vəˈrɛnixdə aˈrabisə ɛmiˈratən]
Equador (m)	**Ecuador (het)**	[ɛkwaˈdɔr]
Escócia (f)	**Schotland (het)**	[ˈsxɔtlant]
Eslováquia (f)	**Slowakije (het)**	[slɔwaˈkɛjə]
Eslovénia (f)	**Slovenië (het)**	[slɔˈvɛniə]
Espanha (f)	**Spanje (het)**	[ˈspanjə]

| Estados Unidos da América | **Verenigde Staten van Amerika** | [vəˈrɛnixdə ˈstatən van aˈmerika] |
| Estónia (f) | **Estland (het)** | [ˈɛstlant] |

100. Países. Parte 2

Finlândia (f)	**Finland (het)**	[ˈfinlant]
França (f)	**Frankrijk (het)**	[ˈfrankrɛjk]
Gana (f)	**Ghana (het)**	[ˈxana]
Geórgia (f)	**Georgië (het)**	[xeˈorxiə]
Grã-Bretanha (f)	**Groot-Brittannië (het)**	[xrōt-briˈtaniə]
Grécia (f)	**Griekenland (het)**	[ˈxrikənlant]
Haiti (m)	**Haïti (het)**	[haˈiti]

Hungria (f)	**Hongarije (het)**	[hɔnxaˈrɛjə]
Índia (f)	**India (het)**	[ˈindia]
Indonésia (f)	**Indonesië (het)**	[indɔˈnɛsiə]
Inglaterra (f)	**Engeland (het)**	[ˈɛŋɛlant]
Irão (m)	**Iran (het)**	[iˈran]
Iraque (m)	**Irak (het)**	[iˈrak]
Irlanda (f)	**Ierland (het)**	[ˈīrlant]
Islândia (f)	**IJsland (het)**	[ˈɛjslant]

Israel (m)	**Israël (het)**	[ˈisraɛl]
Itália (f)	**Italië (het)**	[iˈtaliə]
Jamaica (f)	**Jamaica (het)**	[jaˈmajka]
Japão (m)	**Japan (het)**	[jaˈpan]
Jordânia (f)	**Jordanië (het)**	[jorˈdaniə]
Kuwait (m)	**Koeweit (het)**	[kuˈwɛjt]
Laos (m)	**Laos (het)**	[ˈlaɔs]

Letónia (f)	**Letland (het)**	[ˈlɛtlant]
Líbano (m)	**Libanon (het)**	[ˈlibanɔn]
Líbia (f)	**Libië (het)**	[ˈlibiə]
Liechtenstein (m)	**Liechtenstein (het)**	[ˈlixtɛnstɛjn]
Lituânia (f)	**Litouwen (het)**	[liˈtauən]
Luxemburgo (m)	**Luxemburg (het)**	[ˈlɵksɛmbɵrx]
Macedónia (f)	**Macedonië (het)**	[makeˈdɔniə]
Madagáscar (m)	**Madagaskar (het)**	[madaˈxaskar]

Malásia (f)	**Maleisië (het)**	[maˈlɛjziə]
Malta (f)	**Malta (het)**	[ˈmalta]
Marrocos	**Marokko (het)**	[maˈrɔkɔ]
México (m)	**Mexico (het)**	[ˈmeksikɔ]
Mianmar, Birmânia	**Myanmar (het)**	[ˈmjanmar]
Moldávia (f)	**Moldavië (het)**	[mɔlˈdaviə]
Mónaco (m)	**Monaco (het)**	[mɔˈnakɔ]

| Mongólia (f) | **Mongolië (het)** | [mɔnˈxɔliə] |
| Montenegro (m) | **Montenegro (het)** | [mɔntəˈnɛxrɔ] |

Namíbia (f)	Namibië (het)	[naˈmibiə]
Nepal (m)	Nepal (het)	[neˈpal]
Noruega (f)	Noorwegen (het)	[ˈnŏrwexən]
Nova Zelândia (f)	Nieuw-Zeeland (het)	[niu-ˈzēlant]

101. Países. Parte 3

Países (m pl) Baixos	Nederland (het)	[ˈnedərlant]
Palestina (f)	Palestijnse autonomie (de)	[paleˈstɛjnsə autɔnɔˈmi]
Panamá (m)	Panama (het)	[ˈpanama]
Paquistão (m)	Pakistan (het)	[ˈpakistan]
Paraguai (m)	Paraguay (het)	[ˈparagvaj]
Peru (m)	Peru (het)	[peˈru]
Polinésia Francesa (f)	Frans-Polynesië	[frans-pɔliˈnɛziə]
Polónia (f)	Polen (het)	[ˈpɔlən]
Portugal (m)	Portugal (het)	[portʉxal]
Quénia (f)	Kenia (het)	[ˈkenia]
Quirguizistão (m)	Kirgizië (het)	[kirˈxiziə]
República (f) Checa	Tsjechië (het)	[ˈtʃɛxiə]
República (f) Dominicana	Dominicaanse Republiek (de)	[dɔminiˈkānsə repʉˈblik]
Roménia (f)	Roemenië (het)	[ruˈmeniə]
Rússia (f)	Rusland (het)	[ˈrʉslant]
Senegal (m)	Senegal (het)	[senexal]
Sérvia (f)	Servië (het)	[ˈsɛrviə]
Síria (f)	Syrië (het)	[ˈsiriə]
Suécia (f)	Zweden (het)	[ˈzwedən]
Suíça (f)	Zwitserland (het)	[ˈzwitsərlant]
Suriname (m)	Suriname (het)	[sʉriˈnamə]
Tailândia (f)	Thailand (het)	[ˈtailant]
Taiwan (m)	Taiwan (het)	[tajˈwan]
Tajiquistão (m)	Tadzjikistan (het)	[taˈdʒikistan]
Tanzânia (f)	Tanzania (het)	[tanˈzania]
Tasmânia (f)	Tasmanië (het)	[tazˈmaniə]
Tunísia (f)	Tunesië (het)	[tʉˈnɛziə]
Turquemenistão (m)	Turkmenistan (het)	[tʉrkˈmenistan]
Turquia (f)	Turkije (het)	[tʉrˈkɛjə]
Ucrânia (f)	Oekraïne (het)	[ukraˈinə]
Uruguai (m)	Uruguay (het)	[ˈurugvaj]
Uzbequistão (f)	Oezbekistan (het)	[uzˈbekistan]
Vaticano (m)	Vaticaanstad (de)	[vatiˈkān·stat]
Venezuela (f)	Venezuela (het)	[venəzʉˈɛla]
Vietname (m)	Vietnam (het)	[vjetˈnam]
Zanzibar (m)	Zanzibar (het)	[ˈzanzibar]

DICIONÁRIO GASTRONÔMICO

Esta secção contém uma série de palavras e termos associados aos alimentos. Este dicionário fará com que seja mais fácil para si entender o menu num restaurante e escolher o prato certo

T&P Books Publishing

Português-Holandês dicionário gastronômico

água (f)	water (het)	['watər]
água (f) mineral	mineraalwater (het)	[minə'rāl·'watər]
água (f) potável	drinkwater (het)	['drink·'watər]
óleo (m)	plantaardige olie (de)	[plant'ārdixə 'ɔli]
óleo (m) de girassol	zonnebloemolie (de)	['zɔnəblum·'ɔli]
açúcar (m)	suiker (de)	[sœʏkər]
açafrão (m)	saffraan (de)	[saf'rān]
abóbora (f)	pompoen (de)	[pɔm'pun]
abacate (m)	avocado (de)	[avɔ'kadɔ]
abre-latas (m)	blikopener (de)	[blik·'ɔpənər]
abridor (m) de garrafas	flesopener (de)	[fles·'ɔpənər]
agário-das-moscas (m)	vliegenzwam (de)	['vlixən·zwam]
aipo (m)	selderij (de)	['sɛldɛrɛj]
alcachofra (f)	artisjok (de)	[arti'çɔk]
alface (f)	sla (de)	[sla]
alho (m)	knoflook (de)	['knōflɔk]
almoço (m)	lunch (de)	['lʊnʃ]
amêndoa (f)	amandel (de)	[a'mandəl]
amargo	bitter	['bitər]
ameixa (f)	pruim (de)	['prœʏm]
amendoim (m)	pinda (de)	['pinda]
amora silvestre (f)	braambes (de)	['brāmbɛs]
ananás (m)	ananas (de)	['ananas]
anis (m)	anijs (de)	[a'nɛjs]
aperitivo (m)	aperitief (de/het)	[aperi'tif]
apetite (m)	eetlust (de)	['ētlʊst]
arando (m) vermelho	vossenbes (de)	['vɔsənbɛs]
arenque (m)	haring (de)	['hariŋ]
arroz (m)	rijst (de)	[rɛjst]
atum (m)	tonijn (de)	[tɔ'nɛjn]
aveia (f)	haver (de)	['havər]
avelã (f)	hazelnoot (de)	['hazəl·nōt]
azeite (m)	olijfolie (de)	[ɔ'lɛjf·'ɔli]
azeitonas (f pl)	olijven	[ɔ'lɛjvən]
bacalhau (m)	kabeljauw (de)	[kabə'ljau]
bacon (m)	spek (het)	[spɛk]
baga (f)	bes (de)	[bɛs]
bagas (f pl)	bessen	['bɛsən]
banana (f)	banaan (de)	[ba'nān]
bar (m)	bar (de)	[bar]
barman (m)	barman (de)	['barman]
batata (f)	aardappel (de)	['ārd·apəl]
batido (m) de leite	milkshake (de)	['milk·ʃɛjk]
bebida (f) sem álcool	alcohol vrije drank (de)	['alkɔhɔl 'vrɛjə drank]

bebidas (f pl) alcoólicas	alcoholische dranken	[alkɔ'hɔlisə 'drankən]
beringela (f)	aubergine (de)	[ɔbɛr'ʒinə]
beterraba (f)	rode biet (de)	['rodə bit]
bife (m)	biefstuk (de)	['bifstʉk]
bocado, pedaço (m)	stuk (het)	[stʉk]
bolacha (f)	koekje (het)	['kukjə]
boleto (m) áspero	rosse populierenboleet (de)	['rɔsə popʉ'lirən·bɔlēt]
boleto (m) castanho	berkenboleet (de)	['bɛrkən·bɔlēt]
bolo (m)	cakeje (het)	['kejkjə]
bolo (m) de aniversário	taart (de)	[tārt]
Bom apetite!	Eet smakelijk!	[ēt 'smakələk]
brócolos (m pl)	broccoli (de)	['brɔkɔli]
brema (f)	brasem (de)	['brasəm]
caça (f)	wild (het)	[wilt]
café (m)	koffie (de)	['kɔfi]
café (m) com leite	koffie (de) met melk	['kɔfi mɛt mɛlk]
café (m) puro	zwarte koffie (de)	['zwartə 'kɔfi]
café (m) solúvel	oploskoffie (de)	['ɔplɔs·'kɔfi]
caldo (m)	bouillon (de)	[bu'jon]
caloria (f)	calorie (de)	[kalɔ'ri]
camarão (m)	garnaal (de)	[xar'nāl]
canela (f)	kaneel (de/het)	[ka'nēl]
cantarelo (m)	cantharel (de)	[kanta'rɛl]
cappuccino (m)	cappuccino (de)	[kapu'tʃinɔ]
caranguejo (m)	krab (de)	[krab]
carne (f)	vlees (het)	[vlēs]
carne (f) de carneiro	schapenvlees (het)	['sxapən·vlēs]
carne (f) de coelho	konijnenvlees (het)	[kɔ'nɛjnən·vlēs]
carne (f) de porco	varkensvlees (het)	['varkəns·vlēs]
carne (f) de vaca	rundvlees (het)	['rʉnt·vlēs]
carne (f) de vitela	kalfsvlees (het)	['kalfs·vlēs]
carne (f) moída	gehakt (het)	[xə'hakt]
carpa (f)	karper (de)	['karpər]
casca (f)	schil (de)	[sxil]
cavala (m), sarda (f)	makreel (de)	[ma'krēl]
caviar (m)	kaviaar (de)	[ka'vjār]
cebola (f)	ui (de)	['œy]
cenoura (f)	wortel (de)	['wɔrtəl]
centeio (m)	rogge (de)	['rɔxə]
cepe-de-bordéus (m)	gewoon eekhoorntjesbrood (het)	[xə'wõn ē'hɔntʃəs·brõt]
cereais (m pl)	graangewassen	['xrān·xɛ'wasən]
cereja (f)	zoete kers (de)	['zutə kɛrs]
cerveja (f)	bier (het)	[bir]
cerveja (f) clara	licht bier (het)	[lixt bir]
cerveja (m) preta	donker bier (het)	['dɔnkər bir]
cevada (f)	gerst (de)	[xɛrst]
chá (m)	thee (de)	[tē]
chá (m) preto	zwarte thee (de)	['zwartə tē]
chá (m) verde	groene thee (de)	['xrunə tē]

chávena (f)	kopje (het)	['kɔpjə]
champanhe (m)	champagne (de)	[ʃʌm'panjə]
chocolate (m)	chocolade (de)	[ʃɔkɔ'ladə]
chouriço (m)	worst (de)	[wɔrst]
cicuta (f) verde	groene knolamaniet (de)	['xrunə 'knɔl·ama'nit]
clara (f) do ovo	eiwit (het)	['ɛjwit]
coco (m)	kokosnoot (de)	['kɔkɔs·nōt]
coentro (m)	koriander (de)	[kɔri'andər]
cogumelo (m)	paddenstoel (de)	['padənstul]
cogumelo (m) comestível	eetbare paddenstoel (de)	['ētbarə 'padənstul]
cogumelo (m) venenoso	giftige paddenstoel (de)	['xiftixə 'padənstul]
colher (f)	lepel (de)	['lepəl]
colher (f) de chá	theelepeltje (het)	[tē·'lepəltʃə]
colher (f) de sopa	eetlepel (de)	[ēt·'lepəl]
com gás	bruisend	['brœysənt]
com gelo	met ijs	[mɛt ɛjs]
comida (f)	eten (het)	['etən]
cominho (m)	komijn (de)	[kɔ'mɛjn]
condimento (m)	condiment (het)	[kɔndi'mɛnt]
conduto (m)	garnering (de)	[xar'neriŋ]
congelado	diepvries	['dip·vris]
conhaque (m)	cognac (de)	[kɔ'njak]
conservas (f pl)	conserven	[kɔn'sɛrvən]
conta (f)	rekening (de)	['rekəniŋ]
copo (m)	glas (het)	[xlas]
coquetel (m)	cocktail (de)	['kɔktəl]
couve (f)	kool (de)	[kōl]
couve-de-bruxelas (f)	spruitkool (de)	['sprœyt·kōl]
couve-flor (f)	bloemkool (de)	['blum·kōl]
cozido	gekookt	[xə'kōkt]
cozinha (f)	keuken (de)	['køkən]
cravo (m)	kruidnagel (de)	['krœytnaxəl]
creme (m)	crème (de)	[krɛːm]
creme (m) azedo	zure room (de)	['zʉrə rōm]
crustáceos (m pl)	schaaldieren	['sxal·dīrən]
curgete (f)	courgette (de)	[kur'ʒɛt]
damasco (m)	abrikoos (de)	[abri'kōs]
de chocolate	chocolade-	[ʃɔkɔ'ladə]
dieta (f)	dieet (het)	[di'ēt]
doce (m)	jam (de)	[ʃɛm]
doce (m)	confituur (de)	[kɔnfi'tʉr]
doce, açucarado	zoet	[zut]
em vinagre	gemarineerd	[xəmari'nērt]
ementa (f)	menu (het)	[me'nʉ]
empregada (f) de mesa	serveerster (de)	[sɛr'vērstər]
empregado (m) de mesa	kelner, ober (de)	['kɛlnər], ['ɔbər]
enguia (f)	paling (de)	[pa'liŋ]
entrada (f)	voorgerecht (het)	['vōrxərɛht]
ervilha (f)	erwt (de)	[ɛrt]
espaguete (m)	spaghetti (de)	[spa'xeti]
espargo (m)	asperge (de)	[as'pɛrʒə]
especiaria (f)	specerij , kruiderij (de)	[spesə'rɛj], [krœydə'rɛj]

espiga (f)	aar (de)	[ār]
espinafre (m)	spinazie (de)	[spi'nazi]
esturjão (m)	steur (de)	['stør]
faca (f)	mes (het)	[mɛs]
farinha (f)	meel (het), bloem (de)	[mēl], [blum]
fatia (f)	snede (de)	['snedə]
fava (f)	bonen	['bɔnən]
feijão (m)	boon (de)	[bōn]
fiambre (f)	ham (de)	[ham]
figo (m)	vijg (de)	[vɛjx]
flocos (m pl) de milho	maïsvlokken	[majs·'vlɔkən]
folhas (f pl) de louro	laurierblad (het)	[lau'rir·blat]
framboesa (f)	framboos (de)	[fram'bōs]
frio	koud	['kaut]
frito	gebakken	[xə'bakən]
fruta (f)	vrucht (de)	[vrʉxt]
frutas (f pl)	vruchten	['vrʉxtən]
fumado	gerookt	[xə'rōkt]
funcho, endro (m)	dille (de)	['dilə]
galinha (f)	kip (de)	[kip]
ganso (m)	gans (de)	[xans]
garfo (m)	vork (de)	[vɔrk]
gaseificada	koolzuurhoudend	[kōlzūr·'haudənt]
gelado (m)	ijsje (het)	['ɛisjə], ['ɛíjə]
geleia (f) de frutas	marmelade (de)	[marmə'ladə]
gelo (m)	ijs (het)	[ɛjs]
gema (f) do ovo	eigeel (het)	['ɛjxēl]
gengibre (m)	gember (de)	['xɛmbər]
gim (m)	gin (de)	[dʒin]
ginja (f)	zure kers (de)	['zʉrə kɛrs]
gorduras (f pl)	vetten	['vɛtən]
gorjeta (f)	fooi (de)	[fōj]
gostinho (m)	nasmaak (de)	['nasmāk]
gostoso	lekker	['lɛkər]
grão (m)	graan (het)	[xrān]
grãos (m pl) de cereais	graan (het)	[xrān]
groselha (f) espinhosa	kruisbes (de)	['krœʏsbɛs]
groselha (f) preta	zwarte bes (de)	['zwartə bɛs]
groselha (f) vermelha	rode bes (de)	['rɔdə bɛs]
halibute (m)	heilbot (de)	['hɛjlbɔt]
hambúrguer (m)	hamburger (de)	['hambʉrxər]
hidratos (m pl) de carbono	koolhydraten	[kōlhi'dratən]
iogurte (m)	yoghurt (de)	['jogʉrt]
iscas (f pl)	lever (de)	['levər]
jantar (m)	avondeten (het)	['avɔntetən]
kiwi (m)	kiwi (de)	['kiwi]
língua (f)	tong (de)	[tɔŋ]
lúcio (m)	snoek (de)	[snuk]
lagosta (f)	langoest (de)	[lan'xust]
laranja (f)	sinaasappel (de)	['sināsapəl]
legumes (m pl)	groenten	['xruntən]
leite (m)	melk (de)	[mɛlk]

leite (m) condensado	gecondenseerde melk (de)	[xəkɔnsən'sɛ̄rdə mɛlk]
lentilha (f)	linze (de)	['linzə]
licor (m)	likeur (de)	[li'kør]
limão (m)	citroen (de)	[si'trun]
limonada (f)	limonade (de)	[limɔ'nadə]
lista (f) de vinhos	wijnkaart (de)	['wɛjn·kārt]
lula (f)	inktvis (de)	['inktvis]
maçã (f)	appel (de)	['apəl]
maionese (f)	mayonaise (de)	[majo'nɛzə]
manga (f)	mango (de)	['mangɔ]
manjericão (m)	basilicum (de)	[ba'silikəm]
manteiga (f)	boter (de)	['botər]
margarina (f)	margarine (de)	[marxa'rinə]
marisco (m)	zeevruchten	[zē·'vrʉxtən]
massas (f pl)	pasta (de)	['pasta]
mel (m)	honing (de)	['hɔniŋ]
melancia (f)	watermeloen (de)	['watərmɛ'lun]
meloa (f), melão (m)	meloen (de)	[mə'lun]
migalha (f)	kruimel (de)	['krœɣməl]
milho (m)	maïs (de)	[majs]
milho (m)	maïs (de)	[majs]
milho-miúdo (m)	gierst (de)	[xirst]
mirtilo (m)	bosbes (de)	['bɔsbɛs]
molho (m)	saus (de)	['saus]
morango (m)	aardbei (de)	['ārd·bɛj]
morango-silvestre (m)	bosaardbei (de)	[bɔs·ārdbɛj]
morchela (f)	morielje (de)	[mɔ'rilje]
mostarda (f)	mosterd (de)	['mɔstərt]
nabo (m)	raap (de)	[rāp]
nata (f) do leite	room (de)	[rōm]
noz (f)	walnoot (de)	['walnõt]
omelete (f)	omelet (de)	[ɔmə'lɛt]
ostra (f)	oester (de)	['ustər]
ovo (m)	ei (het)	[ɛj]
ovos (m pl)	eieren	['ɛjerən]
ovos (m pl) estrelados	spiegelei (het)	['spixəl·ɛj]
oxicoco (m)	veenbes (de)	['vēnbɛs]
páprica (f)	paprika (de)	['paprika]
pão (m)	brood (het)	[brõt]
pêssego (m)	perzik (de)	['pɛrzik]
palito (m)	tandenstoker (de)	['tandən·'stɔkər]
papa (f)	pap (de)	[pap]
papaia (f), mamão (m)	papaja (de)	[pa'paja]
pastelaria (f)	suikerbakkerij (de)	[sœɣkər bakə'rɛj]
pastilha (f) elástica	kauwgom (de)	['kauxɔm]
patê (m)	paté (de)	[pa'tɛ]
pato (m)	eend (de)	[ēnt]
peixe (m)	vis (de)	[vis]
pepino (m)	augurk (de)	[au'xʉrk]
pequeno-almoço (m)	ontbijt (het)	[ɔn'bɛjt]
pera (f)	peer (de)	[pēr]

perca (f)	baars (de)	[bārs]
peru (m)	kalkoen (de)	[kal'kun]
pimentão (m)	peper (de)	['pepər]
pimenta (f) preta	zwarte peper (de)	['zwartə 'pepər]
pimenta (f) vermelha	rode peper (de)	['rɔdə 'pepər]
pires (m)	schoteltje (het)	['sxɔteltʃə]
pistáchios (m pl)	pistaches	[pi'staʃəs]
pizza (f)	pizza (de)	['pitsa]
porção (f)	portie (de)	['pɔrsi]
prato (m)	gerecht (het)	[xe'rɛht]
prato (m)	bord (het)	[bɔrt]
presunto (m)	gerookte achterham (de)	[xə'rōktə 'ahtərham]
proteínas (f pl)	eiwitten	['ɛjwitən]
pudim (m)	pudding (de)	['pʉdiŋ]
puré (m) de batata	aardappelpuree (de)	['ārdapəl·pʉ'rē]
queijo (m)	kaas (de)	[kās]
quente	heet	[hēt]
rússula (f)	russula (de)	[rʉ'sʉla]
rabanete (m)	radijs (de)	[ra'dɛjs]
raiz-forte (f)	mierikswortel (de)	['miriks·'wortəl]
rebuçado (m)	snoepje (het)	['snupjə]
receita (f)	recept (het)	[re'sɛpt]
recheio (m)	vulling (de)	['vʉliŋ]
refresco (m)	frisdrank (de)	['fris·drank]
romã (f)	granaatappel (de)	[xra'nāt·'apəl]
rum (m)	rum (de)	[rʉm]
sésamo (m)	sesamzaad (het)	['sɛzam·zāt]
sabor, gosto (m)	smaak (de)	[smāk]
saca-rolhas (m)	kurkentrekker (de)	['kʉrkən·'trɛkər]
sal (m)	zout (het)	['zaut]
salada (f)	salade (de)	[sa'ladə]
salgado	gezouten	[xə'zautən]
salmão (m)	zalm (de)	[zalm]
salmão (m)	atlantische zalm (de)	[at'lantisə zalm]
salsa (f)	peterselie (de)	[petər'sɛli]
salsicha (f)	saucijs (de)	['sɔsɛjs]
sandes (f)	boterham (de)	['botərham]
sardinha (f)	sardine (de)	[sar'dinə]
seco	gedroogd	[xə'drōxt]
sem álcool	alcohol vrij	['alkɔhɔl vrɛj]
sem gás	zonder gas	['zɔndər xas]
siluro (m)	meerval (de)	['mērval]
sobremesa (f)	dessert (het)	[dɛ'sɛ:r]
soja (f)	soja (de)	['sɔja]
solha (f)	platvis (de)	['platvis]
sopa (f)	soep (de)	[sup]
sumo (m)	sap (het)	[sap]
sumo (m) de laranja	sinaasappelsap (het)	['sināsapəl·sap]
sumo (m) de tomate	tomatensap (het)	[to'matən·sap]
sumo (m) fresco	vers geperst sap (het)	[vɛrs xə'pɛrst sap]
tâmara (f)	dadel (de)	['dadəl]
taça (m) de vinho	wijnglas (het)	['wɛjn·xlas]

talharim (m)	noedels	['nudɛls]
tangerina (f)	mandarijn (de)	[manda'rɛjn]
tarte (f)	pastei (de)	[pas'tɛj]
tomate (m)	tomaat (de)	[to'māt]
toranja (f)	grapefruit (de)	['grepfrut]
trigo (m)	tarwe (de)	['tarwə]
trigo-sarraceno (m)	boekweit (de)	['bukwɛjt]
truta (f)	forel (de)	[fo'rɛl]
tubarão (m)	haai (de)	[hāj]
uísque (m)	whisky (de)	['wiski]
uva (f)	druif (de)	[drœʏf]
uvas (f pl) passas	rozijn (de)	[ro'zɛjn]
vegetariano	vegetarisch	[vəxɛ'taris]
vegetariano (m)	vegetariër (de)	[vəxɛ'tarier]
verduras (f pl)	verse kruiden	['vɛrsə 'krœʏdən]
vermute (m)	vermout (de)	['vɛrmut]
vinagre (m)	azijn (de)	[a'zɛjn]
vinho (m)	wijn (de)	[wɛjn]
vinho (m) branco	witte wijn (de)	['witə wɛjn]
vinho (m) tinto	rode wijn (de)	['rɔdə wɛjn]
vitamina (f)	vitamine (de)	[vita'minə]
vodca, vodka (f)	wodka (de)	['wɔdka]
waffle (m)	wafel (de)	['wafəl]
zander (m)	snoekbaars (de)	['snukbārs]

aar (de)	[ār]	espiga (f)
aardappel (de)	['ārd·apəl]	batata (f)
aardappelpuree (de)	['ārdapəl·pʉ'rē]	puré (m) de batata
aardbei (de)	['ārd·bɛj]	morango (m)
abrikoos (de)	[abri'kōs]	damasco (m)
alcohol vrij	['alkɔhɔl vrɛj]	sem álcool
alcohol vrije drank (de)	['alkɔhɔl 'vrɛjə drank]	bebida (f) sem álcool
alcoholische dranken	[alkɔ'hɔlisə 'drankən]	bebidas (f pl) alcoólicas
amandel (de)	[a'mandəl]	amêndoa (f)
ananas (de)	['ananas]	ananás (m)
anijs (de)	[a'nɛjs]	anis (m)
aperitief (de/het)	[aperi'tif]	aperitivo (m)
appel (de)	['apəl]	maçã (f)
artisjok (de)	[arti'ɕɔk]	alcachofra (f)
asperge (de)	[as'pɛrʒə]	espargo (m)
atlantische zalm (de)	[at'lantisə zalm]	salmão (m)
aubergine (de)	[ɔbɛr'ʒinə]	beringela (f)
augurk (de)	[au'xʉrk]	pepino (m)
avocado (de)	[avɔ'kadɔ]	abacate (m)
avondeten (het)	['avɔntetən]	jantar (m)
azijn (de)	[a'zɛjn]	vinagre (m)
baars (de)	[bārs]	perca (f)
banaan (de)	[ba'nān]	banana (f)
bar (de)	[bar]	bar (m)
barman (de)	['barman]	barman (m)
basilicum (de)	[ba'silikəm]	manjericão (m)
berkenboleet (de)	['bɛrkən·bɔlēt]	boleto (m) castanho
bes (de)	[bɛs]	baga (f)
bessen	['bɛsən]	bagas (f pl)
biefstuk (de)	['bifstʉk]	bife (m)
bier (het)	[bir]	cerveja (f)
bitter	['bitər]	amargo
blikopener (de)	[blik·'ɔpənər]	abre-latas (m)
bloemkool (de)	['blum·kōl]	couve-flor (f)
boekweit (de)	['bukwɛjt]	trigo-sarraceno (m)
bonen	['bɔnən]	fava (f)
boon (de)	[bōn]	feijão (m)
bord (het)	[bɔrt]	prato (m)
bosaardbei (de)	[bɔs·ārdbɛj]	morango-silvestre (m)
bosbes (de)	['bɔsbɛs]	mirtilo (m)
boter (de)	['bɔtər]	manteiga (f)
boterham (de)	['bɔtərham]	sandes (f)
bouillon (de)	[bu'jon]	caldo (m)

braambes (de)	['brāmbɛs]	amora silvestre (f)
brasem (de)	['brasəm]	brema (f)
broccoli (de)	['brɔkɔli]	brócolos (m pl)
brood (het)	[brōt]	pão (m)
bruisend	['brœysənt]	com gás
cakeje (het)	['kejkjə]	bolo (m)
calorie (de)	[kalɔ'ri]	caloria (f)
cantharel (de)	[kanta'rɛl]	cantarelo (m)
cappuccino (de)	[kapu'ʧinɔ]	cappuccino (m)
champagne (de)	[ʃʌm'panjə]	champanhe (m)
chocolade (de)	[ʃɔkɔ'ladə]	chocolate (m)
chocolade-	[ʃɔkɔ'ladə]	de chocolate
citroen (de)	[si'trun]	limão (m)
cocktail (de)	['kɔktəl]	coquetel (m)
cognac (de)	[kɔ'njak]	conhaque (m)
condiment (het)	[kɔndi'mɛnt]	condimento (m)
confituur (de)	[kɔnfi'tūr]	doce (m)
conserven	[kɔn'sɛrvən]	conservas (f pl)
courgette (de)	[kur'ʒɛt]	curgete (f)
crème (de)	[krɛ:m]	creme (m)
dadel (de)	['dadəl]	tâmara (f)
dessert (het)	[dɛ'sɛ:r]	sobremesa (f)
dieet (het)	[di'ēt]	dieta (f)
diepvries	['dip·vris]	congelado
dille (de)	['dilə]	funcho, endro (m)
donker bier (het)	['dɔnkər bir]	cerveja (m) preta
drinkwater (het)	['drink·'watər]	água (f) potável
druif (de)	[drœyf]	uva (f)
eend (de)	[ēnt]	pato (m)
Eet smakelijk!	[ēt 'smakələk]	Bom apetite!
eetbare paddenstoel (de)	['ētbarə 'padənstul]	cogumelo (m) comestível
eetlepel (de)	[ēt·'lepəl]	colher (f) de sopa
eetlust (de)	['ētlʉst]	apetite (m)
ei (het)	[ɛj]	ovo (m)
eieren	['ɛjerən]	ovos (m pl)
eigeel (het)	['ɛjxēl]	gema (f) do ovo
eiwit (het)	['ɛjwit]	clara (f) do ovo
eiwitten	['ɛjwitən]	proteínas (f pl)
erwt (de)	[ɛrt]	ervilha (f)
eten (het)	['etən]	comida (f)
flesopener (de)	[fles·'ɔpənər]	abridor (m) de garrafas
fooi (de)	[fōj]	gorjeta (f)
forel (de)	[fɔ'rɛl]	truta (f)
framboos (de)	[fram'bōs]	framboesa (f)
frisdrank (de)	['fris·drank]	refresco (m)
gans (de)	[xans]	ganso (m)
garnaal (de)	[xar'nāl]	camarão (m)
garnering (de)	[xar'neriŋ]	conduto (m)
gebakken	[xə'bakən]	frito
gecondenseerde melk (de)	[xəkɔnsən'sērdə mɛlk]	leite (m) condensado
gedroogd	[xə'drōxt]	seco

gehakt (het)	[xə'hakt]	carne (f) moída
gekookt	[xə'kōkt]	cozido
gemarineerd	[xəmari'nērt]	em vinagre
gember (de)	['xɛmbər]	gengibre (m)
gerecht (het)	[xe'rɛht]	prato (m)
gerookt	[xə'rōkt]	fumado
gerookte achterham (de)	[xə'rōktə 'ahtərham]	presunto (m)
gerst (de)	[xɛrst]	cevada (f)
gewoon	[xə'wōn	cepe-de-bordéus (m)
eekhoorntjesbrood (het)	ē'hɔntʃes·brōt]	
gezouten	[xə'zautən]	salgado
gierst (de)	[xirst]	milho-miúdo (m)
giftige paddenstoel (de)	['xiftixə 'padənstul]	cogumelo (m) venenoso
gin (de)	[dʒin]	gim (m)
glas (het)	[xlas]	copo (m)
graan (het)	[xrān]	grãos (m pl) de cereais
graan (het)	[xrān]	grão (m)
graangewassen	['xrān·xɛ'wasən]	cereais (m pl)
granaatappel (de)	[xra'nāt·'apəl]	romã (f)
grapefruit (de)	['grepfrut]	toranja (f)
groene knolamaniet (de)	['xrunə 'knɔl·ama'nit]	cicuta (f) verde
groene thee (de)	['xrunə tē]	chá (m) verde
groenten	['xruntən]	legumes (m pl)
haai (de)	[hāj]	tubarão (m)
ham (de)	[ham]	fiambre (f)
hamburger (de)	['hambʉrxər]	hambúrguer (m)
haring (de)	['hariŋ]	arenque (m)
haver (de)	['havər]	aveia (f)
hazelnoot (de)	['hazəl·nōt]	avelã (f)
heet	[hēt]	quente
heilbot (de)	['hɛjlbɔt]	halibute (m)
honing (de)	['hɔniŋ]	mel (m)
ijs (het)	[ɛjs]	gelo (m)
ijsje (het)	['ɛisjə], ['ɛiʃə]	gelado (m)
inktvis (de)	['inktvis]	lula (f)
jam (de)	[ʃɛm]	doce (m)
kaas (de)	[kās]	queijo (m)
kabeljauw (de)	[kabə'ljau]	bacalhau (m)
kalfsvlees (het)	['kalfs·vlēs]	carne (f) de vitela
kalkoen (de)	[kal'kun]	peru (m)
kaneel (de/het)	[ka'nēl]	canela (f)
karper (de)	['karpər]	carpa (f)
kauwgom (de)	['kauxɔm]	pastilha (f) elástica
kaviaar (de)	[ka'vjār]	caviar (m)
kelner, ober (de)	['kɛlnər], ['ɔbər]	empregado (m) de mesa
keuken (de)	['køkən]	cozinha (f)
kip (de)	[kip]	galinha (f)
kiwi (de)	['kiwi]	kiwi (m)
knoflook (de)	['knōflɔk]	alho (m)
koekje (het)	['kukjə]	bolacha (f)
koffie (de)	['kɔfi]	café (m)
koffie (de) met melk	['kɔfi mɛt mɛlk]	café (m) com leite

kokosnoot (de)	['kɔkɔs·nõt]	coco (m)
komijn (de)	[kɔ'mɛjn]	cominho (m)
konijnenvlees (het)	[kɔ'nɛjnən·vlẽs]	carne (f) de coelho
kool (de)	[kõl]	couve (f)
koolhydraten	[kõlhi'dratən]	hidratos (m pl) de carbono
koolzuurhoudend	[kõlzūr·'haudənt]	gaseificada
kopje (het)	['kɔpjə]	chávena (f)
koriander (de)	[kɔri'andər]	coentro (m)
koud	['kaut]	frio
krab (de)	[krab]	caranguejo (m)
kruidnagel (de)	['krœɣtnaxəl]	cravo (m)
kruimel (de)	['krœɣməl]	migalha (f)
kruisbes (de)	['krœɣsbɛs]	groselha (f) espinhosa
kurkentrekker (de)	['kʉrkən·'trɛkər]	saca-rolhas (m)
langoest (de)	[lan'xust]	lagosta (f)
laurierblad (het)	[lau'rir·blat]	folhas (f pl) de louro
lekker	['lɛkər]	gostoso
lepel (de)	['lepəl]	colher (f)
lever (de)	['levər]	iscas (f pl)
licht bier (het)	[lixt bir]	cerveja (f) clara
likeur (de)	[li'kør]	licor (m)
limonade (de)	[limɔ'nadə]	limonada (f)
linze (de)	['linzə]	lentilha (f)
lunch (de)	['lʉnʃ]	almoço (m)
maïs (de)	[majs]	milho (m)
maïs (de)	[majs]	milho (m)
maïsvlokken	[majs·'vlɔkən]	flocos (m pl) de milho
makreel (de)	[ma'krẽl]	cavala (m), sarda (f)
mandarijn (de)	[manda'rɛjn]	tangerina (f)
mango (de)	['mangɔ]	manga (f)
margarine (de)	[marxa'rinə]	margarina (f)
marmelade (de)	[marmə'ladə]	geleia (f) de frutas
mayonaise (de)	[majo'nɛzə]	maionese (f)
meel (het), bloem (de)	[mẽl], [blum]	farinha (f)
meerval (de)	['mẽrval]	siluro (m)
melk (de)	[mɛlk]	leite (m)
meloen (de)	[mə'lun]	meloa (f), melão (m)
menu (het)	[me'nʉ]	ementa (f)
mes (het)	[mɛs]	faca (f)
met ijs	[mɛt ɛjs]	com gelo
mierikswortel (de)	['miriks·'wɔrtəl]	raiz-forte (f)
milkshake (de)	['milk·ʃɛjk]	batido (m) de leite
mineraalwater (het)	[minə'rāl·'watər]	água (f) mineral
morielje (de)	[mɔ'riljə]	morchela (f)
mosterd (de)	['mɔstərt]	mostarda (f)
nasmaak (de)	['nasmāk]	gostinho (m)
noedels	['nudɛls]	talharim (m)
oester (de)	['ustər]	ostra (f)
olijfolie (de)	[ɔ'lɛjf·'ɔli]	azeite (m)
olijven	[ɔ'lɛjvən]	azeitonas (f pl)
omelet (de)	[ɔmə'lɛt]	omelete (f)
ontbijt (het)	[ɔn'bɛjt]	pequeno-almoço (m)

oploskoffie (de)	['ɔplɔs·'kɔfi]	café (m) solúvel
paddenstoel (de)	['padənstul]	cogumelo (m)
paling (de)	[pa'liŋ]	enguia (f)
pap (de)	[pap]	papa (f)
papaja (de)	[pa'paja]	papaia (f), mamão (m)
paprika (de)	['paprika]	páprica (f)
pasta (de)	['pasta]	massas (f pl)
pastei (de)	[pas'tɛj]	tarte (f)
paté (de)	[pa'tɛ]	patê (m)
peer (de)	[pēr]	pera (f)
peper (de)	['pepər]	pimentão (m)
perzik (de)	['pɛrzik]	pêssego (m)
peterselie (de)	[petər'sɛli]	salsa (f)
pinda (de)	['pinda]	amendoim (m)
pistaches	[pi'staʃəs]	pistáchios (m pl)
pizza (de)	['pitsa]	pizza (f)
plantaardige olie (de)	[plant'ārdixə 'ɔli]	óleo (m)
platvis (de)	['platvis]	solha (f)
pompoen (de)	[pɔm'pun]	abóbora (f)
portie (de)	['pɔrsi]	porção (f)
pruim (de)	['prœʏm]	ameixa (f)
pudding (de)	['pʉdiŋ]	pudim (m)
raap (de)	[rāp]	nabo (m)
radijs (de)	[ra'dɛjs]	rabanete (m)
recept (het)	[re'sɛpt]	receita (f)
rekening (de)	['rekəniŋ]	conta (f)
rijst (de)	[rɛjst]	arroz (m)
rode bes (de)	['rodə bɛs]	groselha (f) vermelha
rode biet (de)	['rodə bit]	beterraba (f)
rode peper (de)	['rodə 'pepər]	pimenta (f) vermelha
rode wijn (de)	['rodə wɛjn]	vinho (m) tinto
rogge (de)	['rɔxə]	centeio (m)
room (de)	[rōm]	nata (f) do leite
rosse populierenboleet (de)	['rosə pɔpʉ'lirən·bɔlēt]	boleto (m) áspero
rozijn (de)	[rɔ'zɛjn]	uvas (f pl) passas
rum (de)	[rʉm]	rum (m)
rundvlees (het)	['rʉnt·vlēs]	carne (f) de vaca
russula (de)	[rʉ'sʉla]	rússula (f)
saffraan (de)	[saf'rān]	açafrão (m)
salade (de)	[sa'ladə]	salada (f)
sap (het)	[sap]	sumo (m)
sardine (de)	[sar'dinə]	sardinha (f)
saucijs (de)	['sɔsɛjs]	salsicha (f)
saus (de)	['saus]	molho (m)
schaaldieren	['sxal·dīrən]	crustáceos (m pl)
schapenvlees (het)	['sxapən·vlēs]	carne (f) de carneiro
schil (de)	[sxil]	casca (f)
schoteltje (het)	['sxɔteltʃə]	pires (m)
selderij (de)	['sɛldɛrɛj]	aipo (m)
serveerster (de)	[sɛr'vērstər]	empregada (f) de mesa
sesamzaad (het)	['sɛzam·zāt]	sésamo (m)

sinaasappel (de)	['sināsapəl]	laranja (f)
sinaasappelsap (het)	['sināsapəl·sap]	sumo (m) de laranja
sla (de)	[sla]	alface (f)
smaak (de)	[smāk]	sabor, gosto (m)
snede (de)	['snedə]	fatia (f)
snoek (de)	[snuk]	lúcio (m)
snoekbaars (de)	['snukbārs]	zander (m)
snoepje (het)	['snupjə]	rebuçado (m)
soep (de)	[sup]	sopa (f)
soja (de)	['sɔja]	soja (f)
spaghetti (de)	[spa'xeti]	espaguete (m)
specerij , kruiderij (de)	[spesə'rɛj], [krœydə'rɛj]	especiaria (f)
spek (het)	[spɛk]	bacon (m)
spiegelei (het)	['spixəl·ɛj]	ovos (m pl) estrelados
spinazie (de)	[spi'nazi]	espinafre (m)
spruitkool (de)	['sprœyt·kōl]	couve-de-bruxelas (f)
steur (de)	['stør]	esturjão (m)
stuk (het)	[stʉk]	bocado, pedaço (m)
suiker (de)	[sœykər]	açúcar (m)
suikerbakkerij (de)	[sœykər bakə'rɛj]	pastelaria (f)
taart (de)	[tārt]	bolo (m) de aniversário
tandenstoker (de)	['tandən·'stɔkər]	palito (m)
tarwe (de)	['tarwə]	trigo (m)
thee (de)	[tē]	chá (m)
theelepeltje (het)	[tē·'lepəltʃə]	colher (f) de chá
tomaat (de)	[tɔ'māt]	tomate (m)
tomatensap (het)	[tɔ'matən·sap]	sumo (m) de tomate
tong (de)	[tɔŋ]	língua (f)
tonijn (de)	[tɔ'nɛjn]	atum (m)
ui (de)	['œʏ]	cebola (f)
varkensvlees (het)	['varkəns·vlēs]	carne (f) de porco
veenbes (de)	['vēnbɛs]	oxicoco (m)
vegetariër (de)	[vəxɛ'tarier]	vegetariano (m)
vegetarisch	[vəxɛ'taris]	vegetariano
vermout (de)	['vɛrmut]	vermute (m)
vers geperst sap (het)	[vɛrs xə'pɛrst sap]	sumo (m) fresco
verse kruiden	['vɛrsə 'krœydən]	verduras (f pl)
vetten	['vɛtən]	gorduras (f pl)
vijg (de)	[vɛjx]	figo (m)
vis (de)	[vis]	peixe (m)
vitamine (de)	[vita'minə]	vitamina (f)
vlees (het)	[vlēs]	carne (f)
vliegenzwam (de)	['vlixən·zwam]	agário-das-moscas (m)
voorgerecht (het)	['vōrxərɛht]	entrada (f)
vork (de)	[vɔrk]	garfo (m)
vossenbes (de)	['vɔsənbɛs]	arando (m) vermelho
vrucht (de)	[vrʉxt]	fruta (f)
vruchten	['vrʉxtən]	frutas (f pl)
vulling (de)	['vʉliŋ]	recheio (m)
wafel (de)	['wafəl]	waffle (m)
walnoot (de)	['walnōt]	noz (f)
water (het)	['watər]	água (f)

watermeloen (de)	['watərmɛ'lun]	melancia (f)
whisky (de)	['wiski]	uísque (m)
wijn (de)	[wɛjn]	vinho (m)
wijnglas (het)	['wɛjn·xlas]	taça (m) de vinho
wijnkaart (de)	['wɛjn·kārt]	lista (f) de vinhos
wild (het)	[wilt]	caça (f)
witte wijn (de)	['witə wɛjn]	vinho (m) branco
wodka (de)	['wɔdka]	vodca, vodka (f)
worst (de)	[wɔrst]	chouriço (m)
wortel (de)	['wɔrtəl]	cenoura (f)
yoghurt (de)	['jogʉrt]	iogurte (m)
zalm (de)	[zalm]	salmão (m)
zeevruchten	[zē·'vrʉxtən]	marisco (m)
zoet	[zut]	doce, açucarado
zoete kers (de)	['zutə kɛrs]	cereja (f)
zonder gas	['zɔndər xas]	sem gás
zonnebloemolie (de)	['zɔnəblum·'ɔli]	óleo (m) de girassol
zout (het)	['zaut]	sal (m)
zure kers (de)	['zʉrə kɛrs]	ginja (f)
zure room (de)	['zʉrə rōm]	creme (m) azedo
zwarte bes (de)	['zwartə bɛs]	groselha (f) preta
zwarte koffie (de)	['zwartə 'kɔfi]	café (m) puro
zwarte peper (de)	['zwartə 'pepər]	pimenta (f) preta
zwarte thee (de)	['zwartə tē]	chá (m) preto